SCHIED MACHEN » EINFACHHEIT » EINFALLSREICHTUM » EINFLUSS » EINFÜHLUNGSVERMÖGEN » EINZIGARTIGKEIT » EKSTASE » ELEGANZ » ENERGIE » ENTDECKUNG » ENTHUSIASMUS » ENTSCHLOSSENHEIT » ENTSPANNUNG » ERFINDUNGSGABE » ERFOLG » ERKENNTNIS » ERMUNTERUNG » ERNSTHAFTIGKEIT » ERRUNGENSCHAFT » EXPERTISE » EXTRAVAGANZ » EXTRAVERSION » EXZELLENZ » FAIRNESS » FAMILIE » FASZINATION » FINANZIELLE UNABHÄNGIGKEIT » FINDIGKEIT » FLEISS » FLEXIBILITÄT » FOKUS » FREIHEIT » FREIZÜGIGKEIT » FREUDE » FREUNDLICHKEIT » FRIEDEN » FROHSINN » FRÖMMIGKEIT » FÜHRUNG » FURCHTLOSIGKEIT » FREUNDSCHAFT » GEBEN » GEHORSAM » GELASSENHEIT » GEMÜTLICHKEIT » GENAUIGKEIT » GENÜGSAMKEIT » GERECHTIGKEIT » GESCHICKLICHKEIT » GESCHWINDIGKEIT » GESELLIGKEIT » GEWANDTHEIT » GEWINNEN » GEWISSHEIT » GLAUBWÜRDIGKEIT » GROSSZÜGIGKEIT » GRÜNDLICHKEIT » GÜTE » GUTMÜTIGKEIT » HARMONIE » HARTNÄCKIGKEIT » HEITERKEIT » HELDENTUM

„*Wer seine Werte und seine Positionierung definiert hat, für den ist es einfacher zielgerichtet zu kommunizieren und eine strategische Corporate Identity zu formen.*

Wertekommunikation wirkt nach innen und nach außen.

01 **TOTALE VERGLEICHBARKEIT UND FACHKRÄFTEMANGEL** 7

02 **GESICHT ZEIGEN UND KULTUR ENTWICKELN** 21

03 *Das Wertetarget* | **EINSTIEG IN DEN WERTEPROZESS** 37

04 **WERTEBOTSCHAFTEN STATT WERBEBOTSCHAFTEN** 59

05 **WERTEKOMMUNIKATION IN UNTERNEHMEN** 75

    05. 1 — **ZIELGRUPPEN** – Typisierung nach Wertevorstellungen

    05. 2 — **MARKEN** – Positionierung über Werte

    05. 3 — **PRODUKTE** – Werteeigenschaften von Produkten

    05. 4 — **DIENSTLEISTUNGEN** – Wertecharakter einer Dienstleistung

    05. 5 — **B2B-KOMMUNIKATION** – Wertepositionierung im B2B

    05. 6 — **UNTERNEHMENSKULTUR** – Wertehaltung im Team

06 **DEN WERTEN GESTALT GEBEN** 131

07 **DIE WERTEHALTUNG DER FÜHRUNG** 153

QUELLENVERZEICHNIS 172

LITERATUREMPFEHLUNG 176

DEN EIGENEN WERTEN RAUM GEBEN

Ein Buch für die Praxis

» Unsere Erfahrungen der letzten 20 Jahren als Berater und Umsetzer für Design und Kommunikation haben immer wieder gezeigt, dass ein Unternehmen effizienter ist, wenn es für sich zwei Fragen klar beantworten kann: „WIE mache ich es?" und „WARUM mache ich es?"
In der Außenkommunikation werden die Antworten zu den beiden Fragen oft gar nicht oder nur sehr oberflächlich kommuniziert. Ist man einmal vor Ort und die Führungskräfte und Mitarbeiter sprechen über ihr Unternehmen, erzählen sie eine Vielzahl von Geschichten, die ihre ganzen Werte und ihr WIE und WARUM veranschaulichen. Dieses Buch hilft Unternehmen, diesen Schatz der eigenen Werte sichtbar zu machen und ihnen Raum zu geben. Die Definition der eigenen Werte unterstützt das externe Marketing dabei, markanter zu werden, und sie hilft die Unternehmenskultur zu entwickeln. Außerdem können Unternehmen dank einer Definition des WIE und WARUM, Herausforderungen wie Fachkräftemangel, demografischer Wandel, totale Vergleichbarkeit im Internet und die Notwendigkeit Marke zu werden gestärkt entgegentreten. Wir bauen auf einer Vielzahl von Quellen und Strategiewerkzeugen auf, die wir kurz vorstellen, und wir zeigen Wege diese einfach anzuwenden. In vier Übungsschritten können Sie Ihr eigenes Wertetarget erstellen, dass Ihnen hilft, sich strategisch zu positionieren. Das Buch stellt eine Systematik dar, die einem Unternehmen auf anschauliche Art dabei unterstützt, seine Werte zu definieren und zu konkretisieren. Und das auf der Ebene der Unternehmenswirkung, der Produkte und Dienstleistungen, der Zielgruppen sowie der Unternehmenskultur. Die Methoden können im B2C als auch im B2B angewandt werden.

Besonderen Schwerpunkt haben wir auf Anschaulichkeit und Einfachheit gelegt. Daher sind in diesem Buch eine Vielzahl an Infografiken zu finden, welche die Modelle in Beziehung setzen und deren Anwendung leicht verständlich machen. Wir zeigen, wie sich neue Methoden des Neuromarketing integrieren lassen. Auf lange Texte haben wir verzichtet – das wird einige freuen. Für diejenigen, die sich eine fachliche Vertiefung zu dem einen oder anderen Modell wünschen, haben wir ein umfangreiches Quellenverzeichnis am Ende des Buches angelegt.
Zusätzlich haben wir Online-Tests entwickelt und entwickeln diese immer weiter. In den letzten Kapiteln stellen wir eine Reihe von praktischen Tools vor, mit denen jeder seinen Einstieg in die Wertekommunikation pragmatisch und einfach finden kann.
Wir wünschen jedem Unternehmer und Marketingverantwortlichen, dass er durch dieses Buch Anregungen findet, seine Werte zu definieren, sein Unternehmen besser zu positionieren und seine Unternehmenskultur zu fördern.

Denn Wertekommunikation wirkt nach innen und nach außen. «

Roxanne Liebe und Martin Permantier

Der Fachkräftemangel und der demografische Wandel in Deutschland sind Probleme, mit denen Unternehmer heutzutage zu kämpfen haben. Viele Unternehmer unterschätzen die Wirkung einer funktionierenden Unternehmenskultur. Die Unternehmen, die dem Thema Unternehmenskultur offen begegnen, können diesen und anderen Herausforderungen gestärkt entgegentreten.

01

Totale Vergleichbarkeit und Fachkräftemangel

Die zwei großen aktuellen Probleme für Unternehmen

EXTERNES UND INTERNES MARKETING

» Zwei große Strömungen zwingen heute jeden Unternehmer zum Handeln. Das Internet hat zu einer absoluten Vergleichbarkeit von Produkten und Dienstleistungen geführt. Wer sich nicht unterscheidet und eine Marke aufbaut verhindert, dass seine Zielgruppe Präferenzen aufbaut, und ist einer unter vielen. Der zweite Punkt ist der demografische Wandel und der damit einhergehende Fachkräfte- und Personalmangel. Wer keine attraktive Unternehmenskultur bietet, wird nur schwierig qualifizierte Mitarbeiter finden und mit Fluktuation kämpfen müssen. Beides sind Gründe sich mit der Wertekommunikation zu beschäftigen.

Die Kommunikationswege für Unternehmen haben sich verändert und eine Zielgruppe für sich zu begeistern und zu binden wird immer anspruchsvoller. Angestammte Territorien gehen verloren. Regionale Vorherrschaften wurden durch das Internet und die Globalisierung aufgelöst. Auf der positiven Seite können heute viel mehr Menschen über digitale Medien erreicht werden.

Neue Kommunikationswege und -formen wie Storytelling, Content Marketing, Kooperationsmarketing, Videomarketing und Suchmaschinenmarketing müssen in Betracht gezogen werden.

Denn die Zielgruppen ticken heute anders und sind viel ausdifferenzierter. Die Anzahl der Kanäle hat enorm zugenommen. Konnte man früher noch einfach große Bevölkerungsteile mit TV-Spots erreichen, gibt es heute viele Menschen, die diesem Medium gänzlich fern bleiben. Die Qualitätsansprüche an die Unternehmenskommunikation sind für jeden gestiegen. Es reichen keine simplen Botschaften mit den Basiswerten wie Qualität, Zuverlässigkeit, Vertrauen, Partnerschaft, Kundenorientierung und Flexibilität.
Die Themen Integrität, Nachhaltigkeit und Authentizität rücken für die Generation Y in den Vordergrund. Die Kunden wollen wissen, wofür ein Unternehmen steht, welche Werte es hat.

Die Definition von Werten für das eigene Unternehmen und ein werteorientiertes Handeln können beim Umgang mit diesen Herausforderungen und Trends unterstützen.
Macht man dieses Anliegen zu seiner unternehmerischen Aufgabe, ist der Weg dahin einfach. Hierfür muss ein Unternehmen zunächst die fünf W's beantworten:

WER macht WAS, für WEN, WIE und WARUM?

Von den meisten Unternehmen wird allerdings nur das WAS und WER beantwortet. Das FÜR WEN und der Kundennutzen werden kaum klar kommuniziert.
In den seltensten Fällen ist das WIE und das WARUM eines Unternehmens bekannt. Dabei liegt hier das größte Potenzial. Denn jedes Unternehmen hat seine eigenen Geschichten, die es zu etwas Einzigartigem machen. Diese Identität wird jedoch meist nicht in die Außendarstellung integriert. Um seine Zielgruppe wirklich emotional anzusprechen, müssen Unternehmen lernen, dass wir uns über Geschichten den anderen mitteilen, dass Menschen gerne Geschichten hören und Geschichten erzählen. Jedes Unternehmen hat Stärken. Unternehmen brauchen lediglich Methoden, um sich dieser Stärken bewusst zu werden. Es muss entschieden werden, welche Stärken und Potenziale mit der Marke glaubwürdig und authentisch verkörpert werden können. Dazu sollte klar kommuniziert werden, welchen Nutzen das Unternehmen dem Kunden bringt und von welchem Problem es seine Kunden erlöst.

Entscheidend dafür ist eine Positionierung über aussagekräftige Werte. Wer es schafft, seine Stärken bzw. Werte zuzuspitzen und diese authentisch zu kommunizieren, wird eher aus der Masse hervorstechend und als Experte wahrgenommen. «

Als Experte ist man immer besser positioniert und kann zum Meinungsführer in seinem Segment werden. Jeder Unternehmer kann sich fragen:

Worin bin ich in meiner Branche besonders gut? In welcher Nische bin ich der Beste?

Manch einer erfindet auch eine Kategorie, um seine Spitzenposition zu definieren. Experten gibt es in jeder Branche:

- **Der Friseur für die Prominenz:** *Udo Walz*
- **Der beste Feuerwehrmann:** *Red Adair*
- **Der feinfühlige Orthopäde:** *Dr. Müller-Wohlfahrt*
- **Der Mann für Privatinsolvenzen:** *Peter Zwegat*
- **Die besten Elektroautos:** *Tesla*
- **Die Innovativsten im Bereich Automatisierungslösungen:** *Festo*
- **Die Experten für Outdoor:** *Globetrotter*

» Am Anfang steht die Konkretisierung der eigenen Unternehmenswerte. Sind die eigenen Unternehmenswerte definiert, ist es wichtig, dass sie nicht als Fassade benutzt werden. Zu oft schmücken sich Unternehmen mit Leitbildern, Mission-Statements und Werteansprüchen, die an der eigenen Basis belächelt werden.
Die Werte müssen auch authentisch sein und gelebt werden – oder zumindest von der Basis als Ziel akzeptiert werden. Denn die Mitarbeiter tragen die Werte nach außen. Sie sind meist die wichtigsten Markenbotschafter. Dennoch werden Mitarbeiter oft nicht in den Marken- und Werteprozess mit eingebunden.
Nur wenn die Werte in einem Unternehmen nach innen und außen gelebt werden können sie glaubhaft kommuniziert werden. Eine gute Unternehmenskultur ist eine wichtige Grundlage für jede starke Marke.

Wertekommunikation stärkt die Markenwirkung und Positionierung nach außen und die Unternehmenskultur und Attraktivität als Arbeitgeber nach innen. Wer die Frage beantworten kann, wie sein Unternehmen, seine Produkte dazu beitragen, die Welt zu einem besseren Ort zu machen, hat schon gute Ansätze, sein WARUM zu finden. «

FAZIT
Eine der wichtigsten Aufgaben der Unternehmensführung ist es strategisch zu denken, Werte und eine Vision im Unternehmen zu etablieren. Wertekommunikation ist eine Führungsaufgabe. Zur nachhaltigen Führung gehört die Entwicklung der Marke und der Unternehmenskultur.

Damit eine Marke dauerhaft ein derart positives Echo hervorruft, sind zum einen konkrete, ursächliche, relevante und spezifische Markenwerte notwendig, zum anderen Führungskräfte, die sich in die Entwicklung der Markenwerte aktiv einbringen und sie anschließend in ihrer täglichen Arbeit vorleben. Nur dann lässt sich auch erreichen, was heute vielfach gefordert wird: Dass Mitarbeiter im Sinne der Marke handeln, als überzeugende Markenbotschafter auftreten und die Kunden dauerhaft für die eigene Marke einnehmen.

01 » PROF. DR. KARSTEN KILIAN

Starke Marken sind zentrale immaterielle Wertschöpfer in Unternehmen.

02 » PROF. DR. FRANZ-RUDOLF ESCH

Die Marke als „Prototyp des 21. Jahrhunderts". Denn: „Es wird nicht weniger Komplexität geben, sondern mehr. Und die Welt wird denen gehören, die das Komplexe nicht komplex lassen, sondern es durch Orientierung zähmen und nützlich machen. Rote Fäden werden sehr gefragt sein."

03 » WOLF LOTTER

« Eine starke Marke ist also der rote Faden eines Unternehmens. An dem können sich die Mitarbeiter auf interner Ebene, aber auch die Kunden auf externer Ebene orientieren.

VIER HAUPTFAKTOREN ZUR HOHEN BEDEUTUNG DER MARKE:
Differenzierungs- bzw. Profilierungsfunktion, Verdichtungsfunktion, Risikoreduktion bzw. Vertrauensfunktion, Identitätsstiftende Funktion.

04 » PETER MASCIADRI » DIRK ZUPANIC

Marken haben eine starke und „intuitive Anziehungskraft" auf uns. Marke ist das das „must have" oder auch „key to have", da sie sowohl im B2C-, als auch im B2B-Bereich einen (Geld-)Wert für Unternehmen darstellen. Außerdem bieten Marken einem Unternehmen „Differenzierung und Schutz vor dem Wettbewerb" und erzeugen Kundenloyalität.

05 » DR. CHRISTIAN SCHEIER » DIRK HELD

Produkte werden in der Fabrik erstellt, Marken aber entstehen im Kopf.

06 » DIRK HUESMANN

A brand is a promise. A brand is the totality of perceptions – everything you see, hear, read, know, feel, think, etc. – about a product, service, or business. A brand holds a distinctive position in customer's minds based on past experiences, associations and future expectations. A brand is a short-cut of attributes, benefits, beliefs and values that differentiate, reduce complexity, and simplify the decision-making process.

07 » PHILIP KOTLER » WALDEMAR PFOERTSCH

« Marke ist ein Versprechen an den Kunden und definiert alles, was mit einem Produkt, einer Dienstleistung oder auch einem Unternehmen wahrgenommen werden kann. Über eine Marke kann sich das Unternehmen bei seiner Zielgruppe verankern und über den Nutzen seiner Marke am Markt an Differenzierungskraft gewinnen, Komplexität reduzieren und den Entscheidungsprozess der Kunden simplifizieren.

01 » Prof. Dr. Karsten Kilian › Marketingartikel 5/2012 › http://www.markenlexikon.com/texte/ma_kilian_markenwerte_05_2012.pdf, 13.10.2014

02 » Prof. Dr. Franz-Rudolf Esch › Strategie und Technik der Markenführung", 2. Auflage, Verlag Franz Vahlen GmbH, 2004 › http://www.vahlen.de/fachbuch/zusatzinfos/Leseprobe_3-8006-3025-7_Esch.pdf, 13.10.2014

03 » Wolf Lotter › brand eins Wirtschaftsmagazin „Der Rote Faden" 02/2005 › http://www.brandeins.de/archiv/2005/marke/der-rote-faden.html, 24.05.2014

04 » Peter Masciardri, Dirk Zupanic › „Marken- und Kommunikationsmanagement im B-to-B-Geschäft, Clever positionieren, erfolgreich kommunizieren", 2. Auflage, Springer Gabler © Springer Fachmedien, Wiesbaden 2013, 16

05 » Dr. Christian Scheier, Dirk Held › „Was Marken erfolgreich macht, Neuropsychologie in der Markenführung", 2. Auflage, © Rudolf Haufe Verlag GmbH & Co. KG, Planegg/München 2009, 13 ff.

06 » Dirk Huesmann › http://www.german-design-council.de/akademie/dmdk/dmdk0/referenten/interview-huesmann.html

07 » Philip Kotler, Waldemar Pfoertsch › „B2B Brand Management", 1. Auflage, © Springer Science & Business Media, Heidelberg 2006, 5

FAZIT

Zu den Führungsaufgaben in einem Unternehmen gehört auch das Erschaffen einer Marke. Deswegen wurden an dieser Stelle Aussagen über die Wichtigkeit von Marken vorgestellt.
Allen Aussagen gemein, ist festzustellen, dass das Thema Marke immer mehr Bedeutung bekommt. Eine Marke muss mit Emotionen und Werten aufgeladen sein. Funktionale Kommunikation erzeugt keine Emotion. Und ohne Emotion und Werte entsteht keine Marke.

DAS DILEMMA DER AUSTAUSCHBARKEIT

» Neben der Aufgabe seine Werte, Vision und Strategie zu definieren, steht der Unternehmer vor der Herausforderung, diesen auch ein Gesicht zu geben. Das Internet hat eine neue Art der Vergleichbarkeit geschaffen, neue Vertriebswege geöffnet und Interaktionen ermöglicht. Das Potenzial wird von vielen noch unterschätzt. Insbesondere im B2B-Bereich ist der Auftritt vieler Unternehmen bescheiden und identitätslos.
Formulierungen sind austauschbar und in manchen Branchen fast identisch. Webseiten folgen Schema F, die Farbwahl bleibt meist auf zwei Farben beschränkt, Farbe des Logos + grau – und als Schrift wählt man das, was Windows seit 1985 anbietet: die Arial. Bei der Wahl der Bilder wird auch meist auf eine eigene Identität verzichtet und es findet sich eine Mischung aus immer gleichen Motiven, mit der allgegenwärtigen Telefonistin mit Headset und Passbildern einiger Mitarbeiter.

Hier werden Chancen ausgelassen. Wer sie nutzt, kann sich schnell Vorteile sichern und von dem Mitbewerberfeld positiv abheben. Die Wertekommunikation zeigt effiziente Wege, wie auch mit der Gestaltung der Kommunikation eigene Werte kommuniziert werden können. «

DIE 10 FADESTEN FLOSKELN
Aus der Wahrnehmungspsychologie weiß man, dass wir Dinge, die wir häufig sehen, nicht mehr wahrnehmen. Daher sind solche Füllfloskeln so unwirksam.

„ *Der vertrauensvolle Partner*

„ *Wir stehen für Qualität*

„ *Zuverlässiger Service*

„ *Vielfältiges Angebot*

„ *Wir sind flexibel*

„ *Alles aus einer Hand*

„ *Maßgeschneidertes Angebot*

„ *Zukunft aus Tradition*

„ *Wir sind kundenorientiert*

„ *Wir bieten Sicherheit*

STEREOTYPE GLIEDERUNG VON WEBSEITEN

01 Totale Vergleichbarkeit und Fachkräftemangel | **Das Dilemma der Austauschbarkeit**

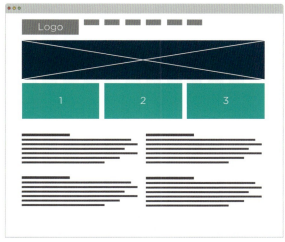

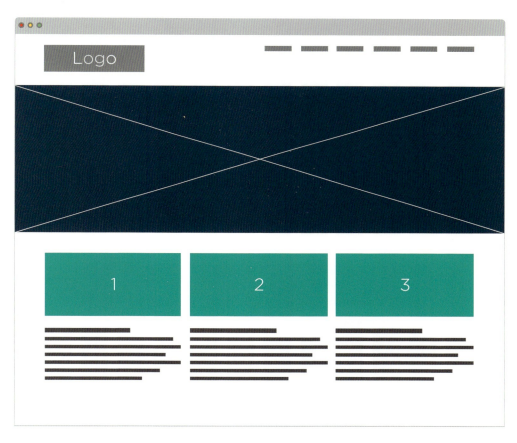

WEBDESIGN – Viele Webseiten von Unternehmen sind immer noch recht schematisch. Oft sind in Branchen ganze Seitenstrukturen und Gliederungen fast identisch. Die Textmengen neigen dazu zu groß zu sein und die Bilder zu klein und von wenig imagebildender Kraft. Das Design orientiert sich am Fahnenlayout in 1.000 px Breite an einem technisch überholten Standard. Ein solches Design lässt wenig Raum für das WIE und WARUM eines Unternehmens.

Heute werden Webseite oft über Smartphones besucht. Das bedeutet, dass sich die Navigationsstruktur und die Aufbereitung der Inhalte an unterschiedlichen Medien anpassen müssen. Die Bilder sind größer geworden, die Texte kleiner und es gibt einen Trend zu mehr filmischen Inhalten. Gerade über Bilder und filmische Inhalte können Unternehmenswerte repräsentiert und das WIE und WARUM transportiert werden.

TYPISCHES ERGEBNIS EINER FARB- UND SCHRIFTANALYSE IN EINEM BEWERBERUMFELD. HIER WAREN ES 25 UNTERNEHMEN IN DER IT-BRANCHE.

SERIFENLOSE SCHRIFTEN
Prozentualer Anteil an Unternehmen

96,5 %

22% – Helvetica
18% – Arial
11% – Univers
7% – Frutiger

3,5 % — Meta
TheSans
ITC Stone Sans
Gill Sans Impact
DINEng
DINRegular
Nimbus Sans
Advert

FARBRAUM SCHWARZ & GRAU
Prozentualer Anteil an Unternehmen

68,0 %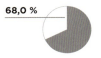

FARBRAUM BLAU
Prozentualer Anteil an Unternehmen

61,0 %

FARBRAUM ROT
Prozentualer Anteil an Unternehmen

57,0 %

SERIFENBETONTE SCHRIFTEN
Prozentualer Anteil an Unternehmen

 3,5 %

3,5 % — Times

FARBRAUM SONSTIGES
Prozentualer Anteil an Unternehmen

4,0 %
14,0 %

DESIGNELEMENTE – Um seinen Werten Gestalt zu geben, sollte ein passendes Design entwickelt werden. Oftmals bleiben aber zahlreiche farbliche und typografische Elemente ungenutzt. Vielen Unternehmen greifen auf schon oft gesehene Schriften und Farben zurück, was ebenfalls zu einer gewissen Austauschbarkeit führen kann. Um sich jedoch von der Masse abzuheben, sollten Designelemente entwickelt werden, die unverwechselbar sind.

Quellen: SHORT CUTS GmbH 2008

TYPISCHE AUSTAUSCHBARE BILDINHALTE UND SYMBOLE

01 Totale Vergleichbarkeit und Fachkräftemangel | **Das Dilemma der Austauschbarkeit**

» HANDSHAKE

» HEADSET

» PUZZLE

» OUTDOOR

» WELTKUGEL

» MULTIKULTI

AUSTAUSCHBARKEIT – Spätestens wenn man bemerkt, dass ein Mitbewerber sehr ähnliche Bildwelten einsetzt, wird jedem klar, welches Potenzial da ungenutzt bleibt. Authentische und originelle Bilder sind die direkteste Art seine Werte zu kommunizieren. Austauschbare Stock-Bilder sollten unbedingt vermieden werden.

01 Totale Vergleichbarkeit und Fachkräftemangel | **Das Dilemma der Austauschbarkeit**

FAZIT
Die Unternehmenswerte und das WIE und WARUM kann auch über das Corporate Design authentisch repräsentiert werden. Um dem Dilemma der Austauschbarkeit entgegenzutreten, sind Stock-Bilder und schon oft gesehene Schriften und Farben unbedingt zu vermeiden werden. Auch im Webdesign sollten eher Emotionen im Vordergrund stehen und die neuesten Trends wie Responsive Design beachtet werden. Individuellen Konzepten wird immer mehr Aufmerksamkeit geschenkt.

HISTORISCHE ENTWICKLUNG DES MARKETINGS

In den letzten Jahrzehnten hat das Marketing in Deutschland diverse Entwicklungsstufen durchlebt. Von der Produktorientierung in der Nachkriegszeit, über die Wettbewerbsorientierung in den 90ern, bis hin zur Netzwerkorientierung. Seit dem Jahr 2010 liegt der Fokus auf dem Web 2.0 und der Vielzahl an sozialen Netzwerken.

1950
PRODUKTORIENTIERUNG
» reine Produktion; aufgrund enormer Nachfrage in der Nachkriegszeit

1960
VERKAUFSORIENTIERUNG
» von der Produktion zum Vertrieb

1970
MARKTORIENTIERUNG
» Marktsegmentierung; Spezialisierung auf einzelne Bedürfnisse

1980
WETTBEWERBSORIENTIERUNG
» Betonung von Alleinstellungsmerkmalen

1990
UMFELDORIENTIERUNG
» Reaktion auf ökologische, politische, technologische oder gesellschaftliche Veränderungen

2000
DIALOGORIENTIERUNG
» interaktive Ausrichtung der Kommunikation durch Internet, E-Mails

2010
NETZWERKORIENTIERUNG
» Web 2.0, soziale Netzwerke, Word-of-Mouth

Quelle: Manfred Bruhn: „Integrierte Unternehmens- und Markenkommunikation, Strategische Planung und operative Umsetzung", 5. Auflage, © Schäffer-Poeschel Verlag für Wirtschaft – Steuern – Recht GmbH, Stuttgart 2009

02

Gesicht zeigen und Kultur entwickeln.

Die zwei großen Herausforderungen für Unternehmen

DIE ZWEI HERAUSFORDERUNGEN

Marke werden und
attraktiver Arbeitergeber sein.

» Jeder Unternehmer muss Mittel finden die zwei großen Herausforderungen zu meistern: Die Vergleichbarkeit durch das Internet und der demografische Wandel mit einhergehendem Fachkräftemangel.
Er muss sein Unternehmen unterscheidbar machen und ihm ein emotionales Gesicht geben, und er muss eine attraktive Unternehmenskultur entwickeln. Das externe Marketing richtet sich an die Kunden, das interne an die Mitarbeiter.

Dafür sollte ein Unternehmen eine Vision haben, seine Werte kennen, diese konkretisieren, entwickeln und das in eine strategische Positionierung münden lassen, die dann kommuniziert wird. Die Positionierung eines Unternehmens sollte möglichst zugespitzt sein. Ganz nach dem Motto: Lieber spitz als breit.

Aus der Nische zu wachsen ist immer einfacher als allen gerecht werden zu wollen. Bestenfalls sollte eine Positionierung als Experte eingenommen werden.
Das Einnehmen einer Expertenposition auf ein bestimmtes Angebot bezogen, schließt keinesfalls weitere Leistungsangebote von Unternehmen aus. Dennoch ist festzustellen, dass Experten generell mehr Vertrauen entgegengebracht wird. Ein Experte wird als Berufener wahrgenommen. Ihm glaubt man seine Passion für sein Unternehmen. Eine Positionierung als Experte ist eng mit dem WIE und WARUM eines Unternehmens verknüpft. «

INTERNES UND EXTERNES MARKETING

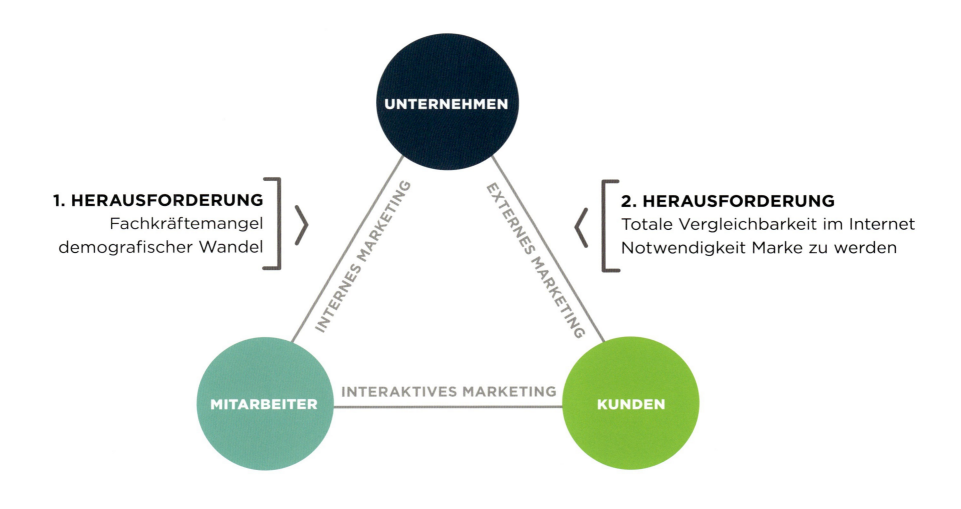

1. HERAUSFORDERUNG
Fachkräftemangel
demografischer Wandel

2. HERAUSFORDERUNG
Totale Vergleichbarkeit im Internet
Notwendigkeit Marke zu werden

Quelle: Abb. „Die zwei großen Herausforderungen" eigene Darstellung, in Anlehnung an: Waldemar Pelz: „Strategisches und Operatives Marketing: Ein Leitfaden zur Erstellung eines professionellen Marketing-Plans", Books on Demand GmbH, Norderstedt 2004

MARKENBILDUNG BEGINNT MIT DEM WIE **UND DEM** WARUM

Wer bin ich?
Was mache ich?
Wem nützt das?
Wie **mache ich das?**
Warum **mache ich es?**

SECHS KLASSISCHE STRATEGIETOOLS

» Golden Circle

» Storytelling

» SWOT-Analyse

» Positionierungsmatrix

» Kommunikations-Paritäten-Modell

» Markensteuerrad

» Für die Definition des WIE und WARUM eines Unternehmens, können zahlreiche strategische Tools eingesetzt werden. Strategisches Marketing ist nicht neu und es gibt schon eine Vielzahl von guten, erprobten Werkzeugen, die einen schnellen, einfachen Einstieg in die Thematik ermöglichen. Auf den folgenden Seiten stellen wir sechs dieser Werkzeuge der strategischen Kommunikation kurz vor. «

26 | GOLDEN CIRCLE | SIMON SINEK

DAS HERZ JEDER MARKE

Eine Strategiemethode, bei der das WIE und WARUM einer Marke im Vordergrund steht, ist der „Golden Circle" von Simon Sinek.

Simon Sinek beschreibt mit dem Modell drei Schritte, die ein Unternehmen sich vornehmen sollte, um sich selbst und seine Marke zu definieren. [08]

---

[08] » *Simon Sinek, TED Conferences: "How great leaders inspire action" 2009, http://www.ted.com/talks/simon_sinek_how_great_leaders_inspire_action#t-599810, 17.09.2014., London 2009*

Drei Fragen sollte sich jedes Unternehmen stellen:

why?
WARUM macht das Unternehmen etwas?

how?
WIE macht das Unternehmen etwas?

what?
WAS macht das Unternehmen? [09]

---

[09] » *vgl. ebd.*

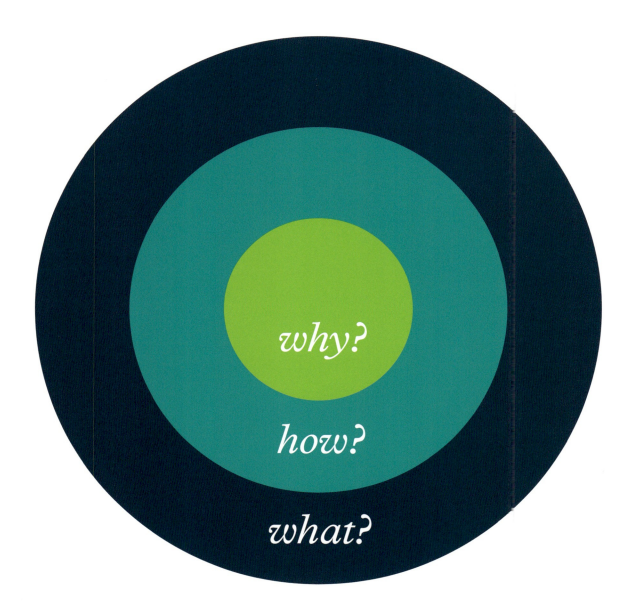

Quelle: Abb. „Golden Circle", eigene Darstellung, in Anlehnung an: Simon Sinek: „START WITH WHY, HOW GREAT LEADERS INSPIRE EVERYONE TO TAKE ACTION" 2. Auflage, Penguin Books Ltd, London 2009

VOM WHY ZUM WHAT ANSTATT UMGEKEHRT

» Die meisten Unternehmen gehen strategisch von außen nach innen vor, d.h. sie bestimmen zuerst das WAS, die Produkte oder Dienstleistungen, die angeboten werden sollen. [10] Anschließend wird bestimmt, wie diese Produkte bzw. Dienstleistungen gestaltet sind, welche Funktionen sie beinhalten, welche Serviceleistungen angeboten werden etc. Dann erst wird festgelegt, warum das Unternehmen die Produkte/Dienstleistungen anbietet. [11] Hierbei wird vom offensichtlichen (dem Angebot) zum „nicht-offensichtlichen" (dem Grund hinter dem Angebot) das Unternehmen gestaltet. [12] Laut Sinek werden jedoch Produkte wegen ihrer Geschichte dahinter, wegen dem WARUM gekauft. Deswegen sollte das WARUM auch im Vordergrund stehen. [13] Das WARUM gilt es genauestens und vor allem zuerst zu bestimmen:

People don't buy what you do, they buy why you do it. What you do simply proves what you believe.[14]

Sinek erklärt weiter, dass das Ziel eines Unternehmens nicht nur sein sollte ein Produkt zu verkaufen, dass die Zielgruppe glaubt zu brauchen, sondern an eine Zielgruppe heranzutreten, die an die gleichen Werte glaubt, wie das Unternehmen selbst. [15] Das lässt sich ebenfalls auf die Unternehmenskultur und die Wahl der Mitarbeiter übertragen. [16] Unternehmen sollten sich ihre Mitarbeiter passend zu ihren Werten aussuchen. [17] Denn über Mitarbeiter werden Unternehmenswerte nach außen getragen und diese sollten die gleiche Leidenschaft für die Idee hinter einem Unternehmen empfinden, wie diejenigen, die es gegründet haben. [18]

10 » *Sinek, TED Conferences 2009*
11 » *vgl. ebd.*
12 » *vgl. ebd.*
13 » *vgl. ebd.*
14 » *vgl. ebd.*
15 » *vgl. ebd.*
16 » *vgl. ebd.*
17 » *vgl. ebd.*
18 » *vgl. ebd.*

Weiterhin beschreibt Sinek, dass sich Unternehmen bei der Zielgruppensuche nach der „law of diffusion of innovations"-Theorie von Everett Rogers richten sollten. [19] Die Diffusionstheorie beschreibt die Verbreitung eines neuen Produktes auf dem Markt in Form einer Diffusionskurve. [20] Laut Rogers lässt sich diese immer in fünf Käufergruppen unterteilen:

» **Innovatoren**

» **Frühe Adaptoren**

» **Frühe Mehrheit**

» **Späte Mehrheit**

» **Nachzügler** [21]

Simon Sinek beschreibt, dass die Wunschzielgruppe von Unternehmen die Innovatoren und die frühen Adaptoren sein sollten. [22] Diese beiden Käufergruppen sind diejenigen, die als erstes die neuesten Produkte kaufen und von denen sich anschließend die frühe und späte Mehrheit beeinflussen lassen. [23] Wenn ein Unternehmen es also schafft sein Produkt an die ersten beiden Gruppen zu verkaufen, wird es auf lange Sicht die Mehrheit erreichen. [24] Sinek bringt in seinem Ansatz des Golden Circle den Kern der Wertekommunikation griffig auf den Punkt. Wer sein WARUM und seine Werte definiert, hat das Herz seiner Unternehmenskommunikation gefunden, um die er alle Maßnahmen gestalten kann. «

DAS WARUM FÜHRT UNS ZU DEM EMOTIONALEN KERN EINER MARKE.

19 » *vgl. Sinek, TED Conferences 2009*

20 » *Marketinglexikon, Marketing Coaching Schweizer GmbH: „Diffusionstheorie, Rogers" 2014: http://www.marketinglexikon.ch/terms/83, 17.09.2014*

21 » *vgl. ebd.*

22 » *vgl. Sinek, TED Conferences 2009*

23 » *vgl. Marketinglexikon 2014*

24 » *vgl. Sinek, TED Conferences 2009*

STORYTELLING UND DIE 10 UNTERNEHMENSGESCHICHTEN

02 Gesicht zeigen und Kultur entwickeln | **Sechs klassische Strategietools**

- » *Herkunftsgeschichte*
- » *Gründergeschichte*
- » *Kundengeschichten*
- » *Referenzgeschichten*
- » *Differenzierungsgeschichten*

- » *Produktgeschichten*
- » *Anwendungsgeschichten*
- » *Bildungsgeschichten*
- » *Verbindungsgeschichten*
- » *Heldengeschichten*

UND DAS WAR SO ...

Das WIE und WARUM eines Unternehmens wird in seinen Geschichten sichtbar. In den Geschichten, die Mitarbeiter einander und die man Kunden erzählt, wird die Wertehaltung schnell deutlich.

Nachrichten sind langweilig. Und doch kommuniziert ein Großteil der Unternehmen über Nachrichten mit seinem Umfeld. Geschichten sind die erprobteste Kommunikationsform der Menschheitsgeschichte. Sie erleichtern uns das Verständnis und wir erinnern uns viel besser. Sie laden zum Weitererzählen ein.

Jedes Unternehmen verfügt über eine Vielzahl von Geschichten. Die wenigsten erzählen sie. Zu jedem der Geschichtstypen wird einem schnell etwas Markantes einfallen. Sie machen Stärken sichtbar und führen einem die eigenen Besonderheiten vor Augen.

Welche der zehn Unternehmensgeschichten beantworten Sie schon?

Wer einige dieser Stories schon beantworten kann, hat bereits viel von seinem WIE und WARUM definiert.

DIE SWOT-ANALYSE

LICHT UND SCHATTEN

Die SWOT-Analyse ist die Zusammenfassung von Analyseergebnissen und dient als hilfreiches Instrument, um die gewonnenen Erkenntnisse aussagekräftig aufzubereiten. Es wird die interne und externe Situation eines Unternehmens gegenübergestellt. Sowohl die Stärken und Schwächen (interne Faktoren) als auch die Chancen und Risiken (externe Faktoren) werden verglichen.

Die Stärken eines Unternehmens bzw. Produkts sollten gezielt eingesetzt werden und die vorhandenen Chancen unterstützen. Die Schwächen müssen wiederum beseitigt oder in Chancen umgewandelt werden, um somit die drohenden, externen Gefahren minimieren zu können. Mit der SWOT-Analyse kann die IST-Situation eines Unternehmens festgehalten werden und auf ihr aufbauend können Marke, Positionierung und das WIE und WARUM bestimmt werden.

» Wie die Stärken einsetzen, um die Chancen zu nutzen?

» Wie an Schwächen arbeiten, um die Chancen zu nutzen?

» Wie die Stärken einsetzen, um die Risiken zu meistern?

» Wie an den Schwächen arbeiten, um die Risiken zu meistern?

STÄRKEN — Interne Stärken
» Technologische Kompetenz
» Gutes Image
» Finanzielle Ressourcen
» Personal
» Loyaler Kundenstamm

SCHWÄCHEN — Interne Schwächen
» Unklare strategische Richtung
» Wenig Marktkenntnis
» Fehlende Spezialfähigkeiten
» Aufwändige Abläufe
» Hohe Kosten

CHANCEN — Externe Chancen
» Neue Märkte/Segmente
» Produktentwicklung
» Vorwärts-/Rückwärtsintegration
» Marktdurchdringung
» Differenzierung

RISIKEN — Externe Risiken
» Gesetzgebung/Politik
» Neue Wettbewerber/Produkte
» Stagnierende Märkte
» Wandel Kaufgewohnheiten
» Neue Distributionskanäle

Quelle: Abb. „Die SWOT-Analyse", eigene Darstellung, in Anlehnung an: Pelz 2004, 23

POSITIONIERUNGSMATRIX

02 *Gesicht zeigen und Kultur entwickeln* | **Sechs klassische Strategietools**

DIFFERENZIERUNG NAHEZU IDENTISCHER PRODUKTE

Beim klassischen Positionierungskreuz werden Produkte oder Marken anhand ihrer Eigenschaften eingeordnet. [25] Es werden einander ausschließende, sich gegenüber stehende Pole bestimmt. Darüber hinaus können Marken und Produkte mittels eines Positionierungskreuzes mit ihrer Konkurrenz verglichen werden. Wer seine Werte definiert hat, kann sich einfacher klar positionieren und tritt einheitlich auf.

Besonders bei austauschbaren Produkten, die sich in ihrer Beschaffenheit kaum unterscheiden, wie etwa Bier oder Zigaretten, ist die Positionierung entscheidend. So gibt es das Bier, dass man alleine am Strand trinkt, das Bier mit Freunden, das Bier am Strand mit Frauen und das Bier fürs Fußballschauen. Jede Marke versucht sich durch diese Imagewelten von den anderen zu unterscheiden und eine eigene Position innerhalb des Positionierungskreuzes zu besetzen.

[25] » vgl. Pelz 2004, 67

KOMMUNIKATIONS-PARITÄTEN-MODELL

» Für die strategische Kommunikation ist es wichtig zu berücksichtigen, auf welcher politischen Entscheidungsebene die Kommunikation stattfindet. Jede Entscheidungsebene hat ihre eigene Erwartungshaltung.
Der Managementberater Toni A. Heimbring hat dieses Beziehungsmanagement unter Berücksichtigung der Selbstbilder der Interaktionspartner in Form eines Paritäten-Modells veranschaulicht. Das wir um die Ebene der Leistungen und Kommunikationsmedien erweitert haben.

Kommunikation findet je nach Hierarchiestufe anders statt. Es gibt mehrere Kommunikationsebenen, die jeweils von unterschiedlichen Parteien und mit verschiedenen Botschaften bespielt werden. Diese Ebenen sind die politische Ebene, die Businessebene, die Lösungsebene, die Expertenebene und die administrative Ebene. Die Erwartungshaltung über was geredet wird sehen jeweils unterschiedlich aus. Es ist wichtig die Ebene des Gegenübers zu erkennen und zu berücksichtigen. Für die unterschiedlichen Kommunikationsebenen werden entsprechend unterschiedliche Leistungen angeboten. Angepasst an die Ebenen sind auch die Honorare anzusetzen. Beratung hat die höchsten Tagessätze, Controlling die niedrigsten.

Für den Vorstand ist das Image entscheidend. Je höher die Entscheidungsebene, desto wichtiger der Faktor der Emotion und die Beziehungsebene.
Das adäquate Kommunikationsmedium für den Vorstand ist die Imagebroschüre. Dem Spezialisten geht es um Wissen auf der Expertenebene. Für ihn sind Detailerklärungen mit vielen Fakten wichtig.
Entscheidend für Unternehmen ist es, dass die Kommunikation nicht nur auf den Experten- und administrativen Ebenen stattfindet. Die emotionale Ebene ist oft unterversorgt. Jede Ebene in einem Unternehmen braucht eine andere Art der Ansprache. Marketing, das von den Produktspezialisten gemacht wird, sendet meist nur auf den unteren Ebenen Botschaften. So entstehen die Vielzahl von uninspirierten, faktenüberladenen Webseiten und dicht mit Text bedruckten Broschüren.
Alle Kommunikationsebenen sollten abgedeckt werden. Vor allem Bilder und Geschichten können die emotionale Ebene, das WARUM und das WIE, gut widerspiegeln. «

KOMMUNIKATIONS-PARITÄTEN-MODELL

02 Gesicht zeigen und Kultur entwickeln | **Sechs klassische Strategietools**

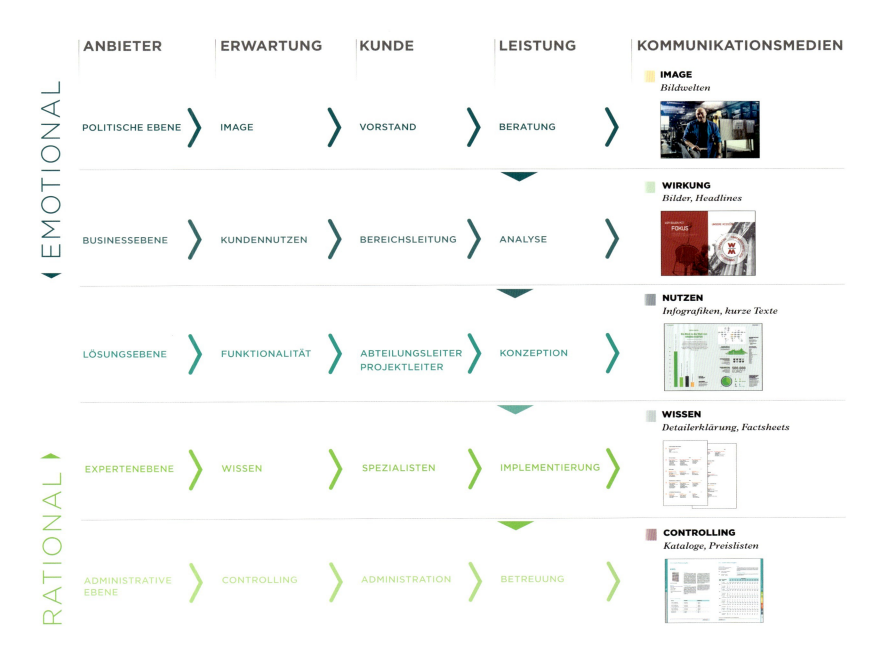

MARKENSTEUERRAD

Kompetenz, Marke, Tonalität, Benefit bzw. reason why und Markenbild helfen eine Marke zu navigieren.[26] Mit diesem Modell kann eine Markenpositionierung mittels der Unterscheidung in rationale (linke Seite) und emotionale (rechte Seite) Elemente bestimmt werden.[27]
Es wird zwischen „Hard Facts" (linke Seite) und „Soft Facts" (rechte Seite) unterschieden.[28]
Für das WER, WAS und WIE der Marke kann dieses Modell Hilfestellung leisten, jedoch wird das WARUM nicht bestimmt. Dieses müsste über eine zusätzliche Ebene bestimmt werden.
Das Markensteuerrad steht oft am Ende des Markenprozesses und dient allen Markenverantwortlichen als Leitfaden zur Orientierung.

[26] » vgl. ESCH, The Brand Consultants GmbH: „Markensteuerrad", 2014: http://www.esch-brand.com/glossar/markensteuerrad/, 19.09.2014

[27] » vgl. ebd.

[28] » vgl. ebd.

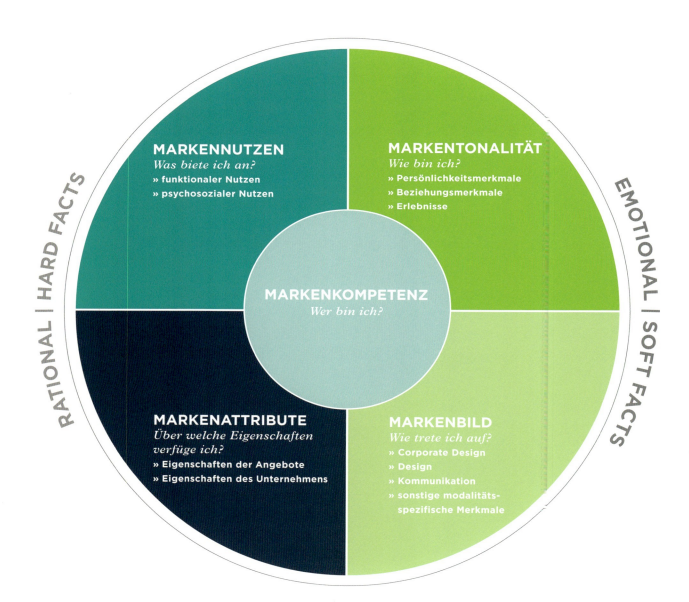

Quelle: Abb. Markensteuersrrad, eigene Darstellung, in Anlehnung an: http://upload.wikimedia.org/wikipedia/de/archive/c/cd/20090731163540!Markensteuerrad.jpg

02 *Gesicht zeigen und Kultur entwickeln* | **Sechs klassische Strategietools**

FAZIT

Die Herausforderung für Unternehmen im Markenprozess ist es sich möglichst zugespitzt zu positionieren. Unternehmen, die es schaffen einen Expertenstatus in ihrer Branche einzunehmen, genießen mehr Vertrauen bei der Zielgruppe und haben dementsprechend mehr Erfolg. Durch einen Expertenstatus und der Definition der Werte können Unternehmen gestärkt den zwei Herausforderungen entgegentreten.
Die Werte eines Unternehmens leben in seinen Unternehmensgeschichten und in seiner Unternehmenskultur. Es gilt diese Werte zu identifizieren und die Geschichten zu kommunizieren.

„

Werte sind die Basis für jede Kommunikationsmaßnahme.

03

Das Wertetarget

Einstieg in den Werteprozess

DIE EIGENEN WERTE DEFINIEREN

Das Modell des Wertetargets

» In Kapitel 01 wurden die Herausforderungen dargestellt, denen Unternehmer heutzutage entgegentreten müssen. Außerdem wurden in Kapitel 02 gängige Strategiewerkzeuge vorgestellt, die dabei helfen können mit diesen Herausforderungen umzugehen.

In diesem Abschnitt wird dargestellt, wie Sie in vier Übungsschritten Ihr eigenes Wertetarget erstellen können. Diese Systematik des Wertetarget unterstützt Unternehmen dabei, auf anschauliche Art seine Werte zu definieren und zu konkretisieren.

Diese Übungen finden Sie ebenfalls als Vorlagen zum Ausdrucken unter *www.wertekommunikation.info*. So können Sie gemeinsam mit Ihren Mitarbeitern in den Werteprozess starten und Ihr eigenes Wertetarget erstellen.

Es ist sinnvoll und wichtig diese Übungen jetzt zu machen, weil Ihnen diese Vorarbeit helfen wird, die weiteren Ideen in diesem Buch konkret mit Ihrem Unternehmen in Verbindung zu setzen. Werte aus Listen auszuwählen ist nur der Einstieg. Später sehen wir noch weitere tiefer gehende Ansätze. Es braucht ein wenig Zeit, um hinter die Allgemeinplätze zu schauen. Auch ist immer wieder interessant, wie unterschiedlich die Wahrnehmung von verschiedenen Mitarbeitern sein kann. Was der eine für einen selbstverständlichen Wert annimmt, wird von dem anderen gar nicht wahrgenommen.

Sie können die vier Übungen zügig und aus dem Bauch heraus beantworten. «

Übung 01
WERTE FINDEN

Gehen Sie die Begriffe durch und schauen Sie, welche Werte für Ihr Unternehmen besondere Bedeutung haben. Welche Werte teilen Sie mit Ihren Lieblingskunden? Wenn Sie Außenstehenden von den Erfolgen und Stärken Ihres Unternehmen erzählen, welche Werte stecken in den Geschichten, die Sie erzählen? Fragen Sie Ihre Kunden, was die an Ihnen schätzen.

Die Liste ist als Anregung gedacht. Sie können noch gerne weitere Werte zu Ihrer Auswahlliste hinzufügen. Anregungen finden Sie bspw. unter *www.stevepavlina.de/werte-liste*. [30] Gruppieren Sie ähnliche Werte und reduzieren Sie die Auswahl auf ca. 10–20 einzelne Begriffe oder kurze Statements, die Ihr Unternehmen besonders gut charakterisieren.

Material zu den Übungen finden Sie auch unter *www.wertekommunikation.info*

[30] » *Steve Pavlina, Persönlichkeitsentwicklung für intelligente Menschen: „Werte-Liste", 2014: http://stevepavlina.de/werte-liste, 30.10.2014*

Übung 01
WELCHE WERTE HABEN SIE?

- Abenteuer
- Abgeklärtheit
- Abwechslung
- Aggressivität
- Akribie
- Aktivität
- Akzeptanz
- Anerkennung
- Angemessenheit
- Angepasstheit
- Anpassungsfähigkeit
- Anstand
- Antrieb
- Anwendbarkeit
- Aufgeschlossenheit
- Aufmerksamkeit
- Aufopferung
- Aufregung
- Aufrichtigkeit
- Ausbildung
- Ausdauer
- Ausdrucksfähigkeit
- Ausgeglichenheit
- Ausgelassenheit
- Bedachtsamkeit
- Bedeutung
- Beflissenheit
- Begierde
- Beharrlichkeit
- Beherrschung
- Beitrag leisten
- Beliebtheit
- Bereitschaft
- Bereitwilligkeit
- Berühmtheit
- Beschaulichkeit
- Bescheidenheit
- Beschränkung
- Bestätigung
- Bindung
- Brauchbarkeit
- Charme
- Courage
- Dankbarkeit
- Demut
- Der Beste sein
- Dienst
- Diskretion
- Disziplin
- Dominanz
- Durchsetzungsvermögen
- Dynamik
- Effektivität
- Effizienz
- Ehre
- Ehrgeiz
- Ehrlichkeit
- Eifer
- Eigenständigkeit
- Einfachheit
- Einfallsreichtum
- Einfluss
- Einfühlungsvermögen
- Einzigartigkeit
- Ekstase
- Eleganz
- Energie
- Entdeckung
- Enthusiasmus
- Entschlossenheit
- Entspannung
- Erfindungsgabe
- Erfolg
- Erkenntnis
- Ermunterung
- Ernsthaftigkeit
- Errungenschaft
- Expertise
- Extravaganz
- Extraversion
- Exzellenz
- Fairness
- Familie
- Faszination
- Findigkeit
- Fleiß
- Flexibilität
- Fokus
- Freiheit
- Freizügigkeit
- Freude
- Freundlichkeit
- Frieden
- Frohmut
- Frohsinn
- Frömmigkeit
- Führung
- Furchtlosigkeit
- Gastfreundschaft
- Geben
- Gehorsam
- Gelassenheit
- Gemütlichkeit
- Genauigkeit
- Genügsamkeit
- Gerechtigkeit
- Geschicklichkeit
- Geschwindigkeit
- Geselligkeit
- Gewandtheit

Gewinnen	Komfort	Nähe	Schlauheit	Verbindung
Gewissheit	Können	Neugier	Schönheit	Verehrung
Glaubwürdigkeit	Kontinuität	Nützlichkeit	Selbstbeherrschung	Vergnügen
Großzügigkeit	Kontrolle	Offenheit	Selbstlosigkeit	Vermögen
Gründlichkeit	Kooperation	Optimismus	Selbstvertrauen	Vernunft
Güte	Korrektheit	Ordnung	Sensitivität	Versicherung
Gutmütigkeit	Kreativität	Ordnungsliebe	Sicheres Auftreten	Verspieltheit
Harmonie	Kühnheit	Organisation	Sicherheit	Verständnis
Hartnäckigkeit	Langlebigkeit	Originalität	Sieg	Vertrauen
Heiterkeit	Lebendigkeit	Perfektion	Signifikanz	Vertrauenswürdigkeit
Heldentum	Lebenskraft	Pflicht	Sinnlichkeit	Verwegenheit
Herausforderung	Lebhaftigkeit	Phantasie	Sittsamkeit	Vielfalt
Herkunft	Leidenschaft	Potenz	Solidarität	Vision
Herz	Leistung	Pragmatismus	Sorgfalt	Vitalität
Herzlichkeit	Leitung	Präsenz	Sparsamkeit	Wachstum
Hilfsbereitschaft	Lernen	Präzision	Spaß	Wahrnehmungsvermögen
Hingabe	Liebe	Privatsphäre	Spontanität	Wärme
Hochgefühl	Loyalität	Proaktion	Stabilität	Wildheit
Hoffnung	Macht	Pünktlichkeit	Stärke	Wissen
Höflichkeit	Mäßigung	Raffinesse	Struktur	Wissensdurst
Humor	Milde	Realismus	Sympathie	Witzigkeit
Hygiene	Mitarbeiterführung	Reichhaltigkeit	Teamwork	Zufriedenheit
Inspiration	Mitbenutzung	Reichtum	Traditionalismus	Zugänglichkeit
Integrität	Mitgefühl	Reinheit	Überfluss	Zugehörigkeit
Intensität	Mitwirkung	Reinlichkeit	Überlegenheit	Zuneigung
Intuition	Mode	Respekt	Überraschung	Zuverlässigkeit
Jugendlichkeit	Motivation	Revolution	Umgänglichkeit	
Kameradschaft	Mündigkeit	Ruhe	Unabhängigkeit	
Klarheit	Mut	Ruhm	Unterstützung	
Klugheit	Nächstenliebe	Sauberkeit	Unvoreingenommenheit	

BEDEUTUNG

» Abgeklärtheit » Aggressivität » Anerkennung » Beherrschung
» Berühmtheit » Bestätigung » Der Beste sein » Dominanz » Ehrgeiz
» Durchsetzungsvermögen » Effektivität » Effizienz » Elvis » Eleganz
» Einen Unterschied machen » Einfluss » Einzigartigkeit » Errungenschaft » Expertise
» Entschlossenheit » Erfolg » Ernsthaftigkeit » Gewinnen » Hartnäckigkeit
» Exzellenz » Fokus » Führung » Gewinnen » Hartnäckigkeit » Leistung
» Heldentum » Herausforderung » Hochgefühl » Potenz » Präzision » Reichtum
» Leitung » Macht » Mitarbeiterführung » sicheres Auftreten » Sieg » Signifikanz
» Ruhm » Selbstbeherrschung » sicheres Auftreten » Vermögen
» Stärke » Überlegenheit » Verehrung » Vermögen

ZUGEHÖRIGKEIT/VERBUNDENHEIT

» Akzeptanz » Ausgeglichenheit » Beliebtheit » Charme » Ehrlichkeit
» Einfühlungsvermögen » Entspannung » Fairness » Flexibilität
» Fröhlichkeit » Frohmut » Frohsinn » Gastfreundschaft
» Geselligkeit » Güte » Gutmütigkeit » Kameradschaft » Kooperation

Übung 02
WERTE DEN BEDÜRFNISBEREICHEN ZUORDNEN

Finden Sie heraus, in welchem der sechs Bedürfnisbereiche Ihre ausgewählten Werte liegen und ordnen Sie Ihre Auswahl an Werten den Bereichen zu. Schauen Sie auf Ihre Liste aus Übung 01 und finden Sie die Werte in den sechs Wertefeldern. Falls Sie noch eigene Werte definiert haben, ordnen Sie diese jeweils einem der sechs Wertefelder zu. Am Ende der Übung sollten alle Ihre Werte aus Schritt 01 einem der sechs Bereiche zugeordnet sein. Wenn ein Bereich keinen Wert zugeordnet bekommen hat, ist das kein Problem.

SICHERHEIT
Gewissheit, Schmerz zu vermeiden und Freude zu gewinnen.

BEDEUTUNG
Sich einzigartig fühlen, wichtig, besonders sein oder gebraucht werden.

ZUGEHÖRIGKEIT/ VERBUNDENHEIT
Ein starkes Gefühl von Nähe oder Vereinigung mit jemand oder etwas.

UNSICHERHEIT/ VIELFALT
Der Wunsch nach Unbekanntem, Veränderung, neuen Impulsen.

WACHSTUM
Erweiterung von Kapazitäten, Leistungsfähigkeit oder Verständnis.

BEITRAG LEISTEN
Ein Gefühl von dienen, sich zur Verfügung stellen, sich etwas widmen und etwas oder jemand unterstützen.

Übung 02
DIE SECHS BEDÜRFNISBEREICHE

THE „6 HUMAN NEEDS" VON TONY ROBBINS

Der amerikanische Autor und Motivationstrainer beschreibt „6 human needs", welche die Grundlage für unser Streben bilden. [31] In uns sind die Bedürfnisbereiche durchaus widersprüchlich. Wir wünschen uns Stabilität und Beständigkeit, aber dann auch wieder Abwechslung und das Neue. Wir wollen andere übertrumpfen und siegen, aber auch Teil einer Gemeinschaft sein und Nähe erfahren. Wir wollen uns als Individuum entwickeln und entfalten, aber dann auch wieder unser Wissen weitergeben und uns einer größeren Sache zur Verfügung stellen. Unsere Werte lassen sich diesen sechs Bereichen zuordnen. Je nach Typ Mensch haben wir unterschiedliche Werte und Glaubenssätze. Auch Unternehmen unterscheiden sich darin, welchen Bedürfnisbereich sie mit ihren Werten und Angeboten stärker ansprechen und welchen weniger. Ein Versicherungsvermittler wird immer stark den Bereich Sicherheit ansprechen, ein Veranstalter von Abenteuerreisen immer eher den Bereich Vielfalt und Unsicherheit. Bei Behörden oder technischen Berufen ist der Dienst an einer gemeinsamen Sache das Wichtige, bei einem Modedesigner die Originalität seiner neuesten Kollektion. Ein Spitzensportler will das Einzigartige vollbringen, ein Therapeut sucht die Verbundenheit zu den Menschen und hat da seinen Werteschwerpunkt. Für jedes Unternehmen ist es wichtig zu wissen, welchen Bedürfnisbereich es bei seinen Kunden bedient und welche Werte dazu passen.

---

[31] » vgl. Robbins Research International, Inc.: „THE 6 HUMAN NEEDS: WHY WE DO WHAT WE DO", 2013: http://training.tonyrobbins.com/the-6-human-needs-why-we-do-what-we-do/, 09.10.2014

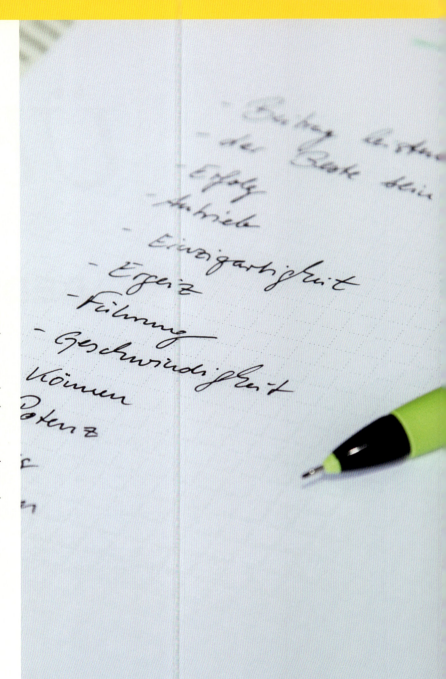

SICHERHEIT

Bedachtsamkeit » Beschaulichkeit » Bindung » Einfachheit » Familie » Frieden » Frömmigkeit » Gemütlichkeit » Gewissheit » Glaubwürdigkeit » Herkunft » Komfort » Kontinuität » Langlebigkeit » Organisation » Privatsphäre » Realismus » Ruhe » Stabilität » Struktur » Traditionalismus » Vernunft » Versicherung » Vertrauen » Vertrauenswürdigkeit » Zufriedenheit

BEDEUTUNG

Abgeklärtheit » Aggressivität » Anerkennung » Beherrschung » Berühmtheit » Bestätigung » Der Beste sein » Dominanz » Durchsetzungsvermögen » Effektivität » Effizienz » Ehre » Ehrgeiz » Einen-Unterschied-machen » Einfluss » Einzigartigkeit » Eleganz » Entschlossenheit » Erfolg » Ernsthaftigkeit » Errungenschaft » Expertise » Exzellenz » Fokus » Führung » Gewinnen » Hartnäckigkeit » Heldentum » Herausforderung » Hochgefühl » Kontrolle » Leistung » Leitung » Macht » Mitarbeiterführung » Potenz » Präzision » Reichtum » Ruhm » Selbstbeherrschung » sicheres Auftreten » Sieg » Signifikanz » Stärke » Überlegenheit » Verehrung » Vermögen

ZUGEHÖRIGKEIT/VERBUNDENHEIT

Akzeptanz » Ausgeglichenheit » Beliebtheit » Charme » Ehrlichkeit » Einfühlungsvermögen » Entspannung » Fairness » Flexibilität » Freude » Freundlichkeit » Frohmut » Frohsinn » Gastfreundschaft » Gelassenheit » Gerechtigkeit » Geselligkeit » Güte » Gutmütigkeit » Harmonie » Herz » Herzlichkeit » Höflichkeit » Kameradschaft » Kooperation » Liebe » Milde » Mitbenutzung » Mitgefühl » Mitwirkung » Nächstenliebe » Nähe » Offenheit » Respekt » Sensitivität » Sinnlichkeit » Solidarität » Sympathie » Teamwork » Umgänglichkeit » Unvoreingenommenheit » Verbindung » Verständnis » Wärme » Zugänglichkeit » Zuneigung

UNSICHERHEIT/VIELFALT

Abenteuer » Abwechslung » Aufregung » Ausgelassenheit » Courage » Dynamik » Entdeckung » Faszination » Freiheit » Geschwindigkeit » Inspiration » Intensität » Kühnheit » Mut » Originalität » Proaktion » Revolution » Spontanität » Überraschung » Unabhängigkeit » Verspieltheit » Verwegenheit » Wildheit

WACHSTUM

Aktivität » Antrieb » Aufgeschlossenheit » Aufmerksamkeit » Ausbildung » Ausdrucksfähigkeit » Begierde » Eifer » Eigenständigkeit » Einfallsreichtum » Ekstase » Energie » Enthusiasmus » Erfindungsgabe » Erkenntnis » Ermunterung » Extravaganz » Extraversion » Findigkeit » Freizügigkeit » Furchtlosigkeit » Geschicklichkeit » Gewandtheit » Großzügigkeit » Heiterkeit » Hoffnung » Humor » Intuition » Jugendlichkeit » Klarheit » Klugheit » Können » Kreativität » Lebendigkeit » Lebenskraft » Lebhaftigkeit » Leidenschaft » Lernen » Mode » Motivation » Mündigkeit » Neugier » Optimismus » Phantasie » Präsenz » Raffinesse » Reichhaltigkeit » Schlauheit » Schönheit » Selbstvertrauen » Spaß » Überfluss » Vergnügen » Vielfalt » Vision » Vitalität » Wachstum » Wahrnehmungsvermögen » Wissen » Wissensdurst » Witzigkeit

BEITRAG LEISTEN

Akribie » Angemessenheit » Angepasstheit » Anpassungsfähigkeit » Anstand » Anwendbarkeit » Aufopferung » Aufrichtigkeit » Ausdauer » Beflissenheit » Beharrlichkeit » Bereitschaft » Bereitwilligkeit » Bescheidenheit » Beschränkung » Brauchbarkeit » Dankbarkeit » Demut » Dienst » Diskretion » Disziplin » Fleiß » Geben » Gehorsam » Genauigkeit » Genügsamkeit » Gründlichkeit » Hilfsbereitschaft » Hingabe » Hygiene » Integrität » Korrektheit » Loyalität » Mäßigung » Nützlichkeit » Ordnung » Ordnungsliebe » Perfektion » Pflicht » Pragmatismus » Pünktlichkeit » Reinheit » Reinlichkeit » Sauberkeit » Selbstlosigkeit » Sittsamkeit » Sorgfalt » Sparsamkeit » Unterstützung » Zuverlässigkeit

Übung 03
WERTE PRIORISIEREN

DIE REIHENFOLGE FESTLEGEN – Schauen Sie sich Ihre Liste mit Ihren Werten an und legen Sie eine Reihenfolge fest. Die Werte, die eher die funktionale Seite Ihres Unternehmens beschreiben, kommen in die erste Spalte. Dazu gehören insbesondere die Werte, die alle anderen auch für sich beanspruchen, wie Vertrauen, Qualität, Zuverlässigkeit usw. Die Werte, die für Sie sehr emotional sind, die Mitarbeiter und Kunden begeistern, schreiben Sie in die zweite Spalte. Meist sind das schon weniger. Denken Sie dabei an die Werte, die Sie mit Ihren Lieblingskunden teilen, an Werte, die sich in Krisen zeigen oder wenn Kunden sich beschweren. In die rechte Spalte schreiben Sie den wichtigsten Wert, den Sie auf keinen Fall aufgeben wollen: Ihr Grundmotiv. Manchmal steckt der in der Gründungsgeschichte. Der Wert sollte Ihnen helfen, Ihr WARUM besser zu erkennen. Überlegen Sie auch, welche Werte vielleicht fehlen und welche Sie in Zukunft entwickeln wollen, und schreiben Sie diese in einer anderen Farbe dazu. Der Hauptnutzen seine Werte zu kennen ist, dass man Klarheit gewinnt und effizienter wird. Holen Sie sich Feedback von Kunden und Mitarbeitern zu Ihrer Reihenfolge. Wichtig ist es auch zwischen sich selber und dem Unternehmen zu differenzieren. Die eigenen Werte müssen sich nicht mit denen des Unternehmens decken. Später im Buch zeigen wir noch weitere Methoden, Werte in Unternehmen zu analysieren und zu definieren.

Übung

what? Funktionale Werte

how? Emotionale Werte

why? Vision/Kernwerte

DER WERTEPROZESS

In den letzten Übungsschritten konnten Sie Ihre Werte ermitteln und den drei Bereichen WHAT, HOW und WHY zuordnen. Der Prozess der Wertefindung ist in unseren Übungen natürlich äußerst verkürzt dargestellt. Der Werteprozess im Unternehmen sollte abteilungsübergreifend durchgeführt werden.

Im nächsten Schritt lernen Sie das Wertetarget kennen.

Übung 04
IHRE WERTE IM WERTETARGET

EINGLIEDERUNG DER WERTE IM WERTETARGET

Je markanter der Wert für das Unternehmen, desto weiter außen steht er. Die funktionalen Werte werden in diesem Fall in den inneren Kreisen in den entsprechenden Bereichen eingetragen. Die emotionalen Werte kommen in den mittleren Kreis. Der Kernwert wird in den äußeren Kreisring geschrieben in dem entsprechenden Bedürfnisfeld. Manchmal ist es auch sinnvoll, kleine Sätze zu nehmen und nicht nur ein Wort. Werte, die Ihnen bedeutender erscheinen, könne großer dargestellt werden. Interessant ist es, wenn mehrere aus dem gleichen Unternehmen ein Wertetarget erstellen.

54 | DAS WERTETARGET

DIE GLIEDERUNG DES WERTETARGETS

Die gegensätzlichen Bedürfnisbereiche sind jeweils gegenüberliegend angeordnet. Beispielhaft ist hier eine Auswahl der Werte aus der Liste den sechs Bedürfnisbereichen zugeteilt. Wir werden im Weiteren sehen, dass das Wertetarget und die Anordnung der Bedürfnisbereiche noch viele weitere Verständnisebenen zulassen und sich mit vielen anderen Betrachtungssystemen von Emotionen und Werten ergänzen. Manche Werte werden extremer nur einem Bedürfnisbereich zugeordnet, andere weniger. Heiterkeit hat eine Nähe zu dem Bereich Zugehörigkeit und ist nicht so stark auf das Bedürfnis nach Wachstum bezogen wie etwa Kreativität. Ehrgeiz verkörpert das Streben nach Bedeutung auch stärker als der Wunsch nach Bestätigung. Wir werden später die Begriffe so anordnen, dass die polarisierenden Werte weiter außen stehen. Wichtig ist, dass wir hier einen Werteraum haben, der modellhaft alle Bedürfnisse und Werte erfassen kann.

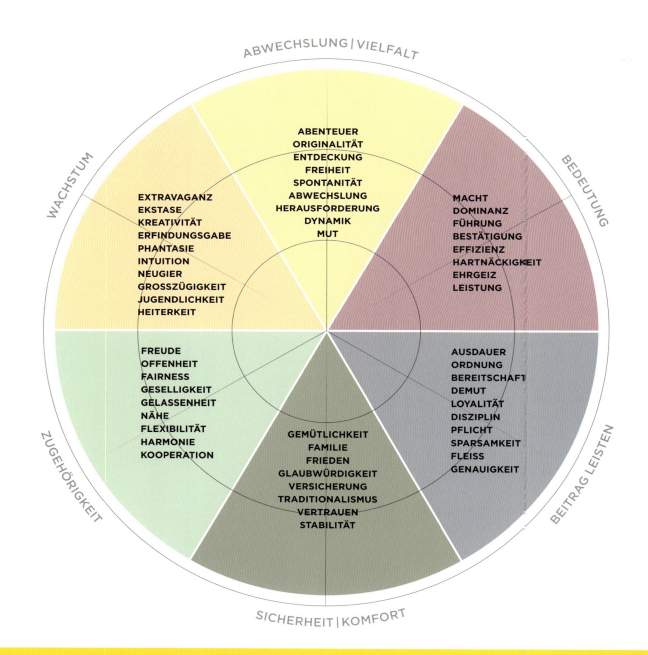

IHRE WERTE IM WERTETARGET

Übung 04

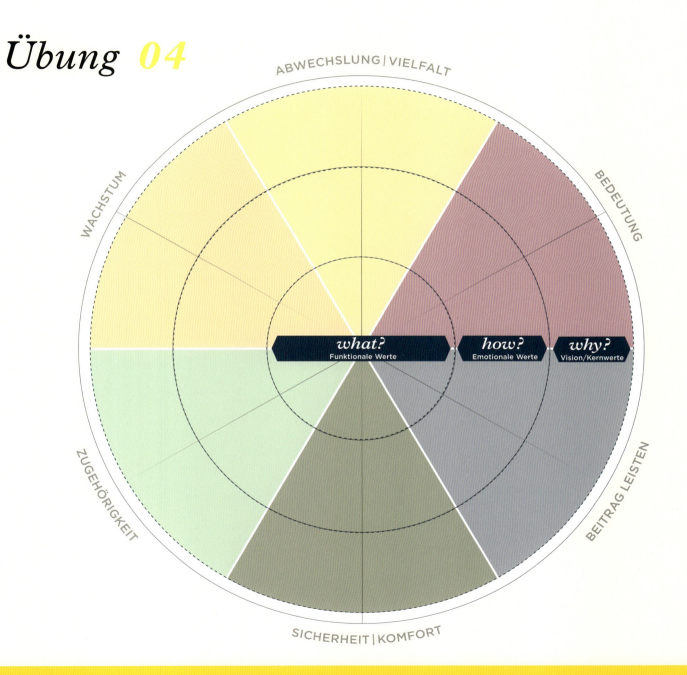

IHR WERTETARGET

Mit den Werten, die Sie herausgefunden haben, können Sie sich Ihr individuelles Wertetarget für Ihr Unternehmen veranschaulichen. Schauen Sie sich an, wo Ihre funktionalen Werte liegen (innerer Kreis), wo die emotionalen Werte sind (mittlerer Kreis) und wo sich Ihre Kernwerte positionieren lassen (äußerer Kreis). Ordnen Sie dann noch die Werte dazu, die Sie in Zukunft entwickeln und stärken wollen. Mit den vier Übungen haben Sie ein gutes Ausgangsmaterial für das Verständnis der Wertekommunikation und die strategische Positionierung.

Vordrucke als PDF finden Sie unter *www.wertekommunikation.info*

DAS WERTETARGET

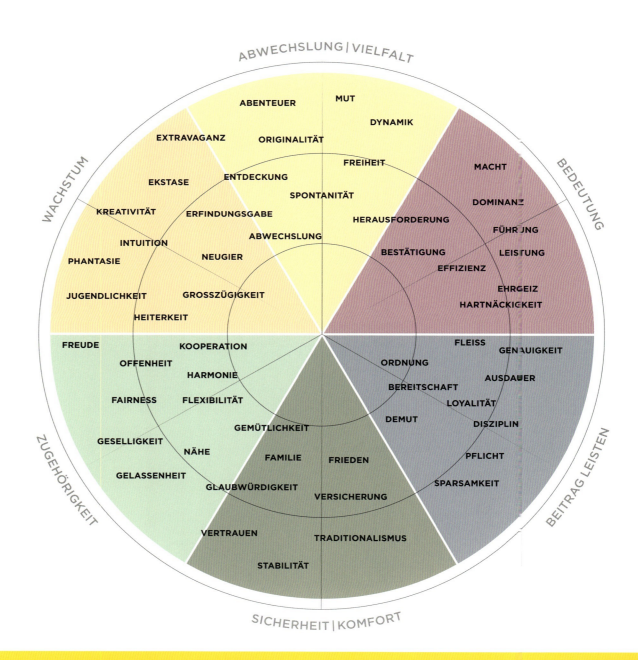

smart TARGETING

Das Wertetarget ist auf allen Ebenen Ihrer Unternehmenskommunikation anwendbar. Sowohl intern als auch extern. Es handelt sich um einen ganzheitlichen Werteraum, mit dem Unternehmens-, Mitarbeiter- und Kundenebene beleuchtet werden können. Dies werden wir in den folgenden Kapiteln ausführlich aufzeigen. Außerdem machen wir deutlich, dass diese Vielschichtigkeit in einem einheitlichen Werteraum die Kommunikation zwischen den Projektbeteiligten leichter macht und einen klaren Blick auf das ganze Spektrum der Unternehmenskommunikation gibt.

Das ist für uns *smart* TARGETING.

DER DREIHIRNIGE MENSCH

Auch B2B-Entscheider handeln emotionaler als angenommen.

26%
... lassen den günstigsten Preis entscheiden.

77%
... behaupten, dass sie Emotionen in Kaufprozessen ausblenden.

88%
... zählen „Vertrauen in den Anbieter" als wichtigstes Kaufkriterium.

67%
... wählen die hohe Anbieterreputation.

54%
... lassen einen Deal platzen, nur weil sie ein ungutes Gefühl haben.

31%
... vertrauen ihrem Instinkt.

Quellen: RTS Rieger Team und forum! Marktforschung: Studie „B2B Entscheider handeln emotionaler als angenommen"

04

Wertebotschaften statt Werbebotschaften

Die eigenen Werte erkennen und entwickeln

DAS GEHIRN IST WÄHLERISCH UND LÄSST NICHT JEDEN REIN

Wir vergessen Nachrichten, aber behalten Geschichten. Die einen berühren uns nur intellektuell, die anderen emotional.

» Wie wir gesehen haben gibt es die unterschiedlichsten Methoden, die Werte der eigenen Marke, der Unternehmenskultur und die seiner Zielgruppen zu finden und zu definieren. Ein neues Corporate Design betrifft mehr Bereiche als nur das äußere Erscheinungsbild. Es ist immer auch eine Chance sich mit der gesamten Identität eines Unternehmens zu beschäftigen, seiner Unternehmenskultur, seiner Wirkung nach außen und den Unternehmenszielen für die Zukunft.
Ziel ist es, immer gut die geplanten Kommunikationsmaßnahmen mit einer Strategie zu unterlegen und das Bewusstsein für die eigene Markenidentität zu schärfen. Je genauer die Beteiligten sich über die eigenen Werte und die Strategie im Klaren sind, desto besser ist die Zusammenarbeit und desto zielgerichteter das Ergebnis.

Eine Möglichkeit um Marken positiv aufzuladen bietet das Wertemarketing oder auch Wertekommunikation genannt.
In diesem Kapitel werden Wertemarketing bzw. Wertekommunikation und Methoden aus dem Neuromarketing vorgestellt. «

WERT-VOLLES MARKETING

» Drei zentrale Aspekte sind unabdingbar, um Werte fest im Unternehmen zu implementieren und in der Außendarstellung für Kunden und Partner sichtbar werden zu lassen:

» **Definition des unternehmenseigenen Wertesystems**
» **Aufbau eines gelebten Wertebewusstseins im Unternehmen selbst**
» **Integration in die Außen- und Innendarstellung**

Vision, Werte und Design sind die Elemente, die strategische Unternehmenskommunikation bestimmen. Welche Werte spielen die entscheidende Rolle in Unternehmen? Eine Antwort geben Dr. Andreas Giger und Dr. Eike Wenzel vom „Zukunftsletter".
Dr. Giger ist Zukunftsphilosoph und Trendforscher und entwickelte die „Hitparade der heißen Werte".[31] Hier werden die wichtigsten Werte für den gesamten deutschsprachigen Raum ermittelt.[32] Die Studie zeigt außerdem, dass Werte das verkörpern, was dem Individuum bzw. dem Konsumenten wichtig und „wert-voll" ist.[33] Werte bieten Orientierung und deren Bedeutung wächst bei den Kunden stetig.[34] Das zeigt sich auch bei der konkreten Kaufentscheidung: Bereits die Studie aus dem Jahr 2008 verdeutlicht, dass für Kunden „die Werte, die durch die Marke oder Firma verkörpert werden," als „wichtiges Kaufkriterium" gelten.[35] Das hat sich in den letzten Jahren immer wieder bestätigt.[36] Wenn also für die Kunden das Thema Werte immer wichtiger wird, muss es auch für Unternehmer wichtiger werden.

Bei Wertekommunikation oder auch Werte-Marketing geht es genau darum Werte zu ermitteln, die für den Kunden wirklich „wert-voll" sind und diese auch richtig zu „verwerten".[37] Dr. Andreas Giger vergleicht hierzu Marketing als „Handwerk" und Werte-Marketing als „Kunsthandwerk".[38]
Laut Dr. Eike Wenzel und dem „Zukunftsletter" gelten Werte auch als „ethischer Code" eines Unternehmens.[39] Heutzutage kann der Kunde viel stärker und besser durchblicken, welche Firmen tatsächlich werteorientiert handeln.[40]

„Deswegen ist es ausschlaggebend, die Werte auch wirklich zu leben und sich stark nach dem ethischen Code auszurichten." [41]

Das gelingt einerseits über den Umgang mit der Umwelt und den Mitarbeitern, aber auch über klassische Kommunikationskanäle wie beispielsweise Werbung, Design, Sponsoring etc.[42]
Um die Auseinandersetzung mit dem Thema Werte kommt kein Unternehmen mehr herum.

„Wem es gelingt Werte konsistent und konsequent umzusetzen, der erlebt eine massive Steigerung seines Markenwertes." [43] «

---

31 » vgl. Andreas Giger, Stiftung Spirit.ch: „Werte im Wandel. Warum Werte immer wertvoller werden", 2013: http://www.spirit.ch/Downloads/Werte%20im%20Wandel.pdf, 01.07.2014
32 » vgl. ebd.
33 » vgl. Klaus Dannenberg, Forum Werteorientierung: „Werte im Wandel – Vom Wert der Werte in Wirtschaft und Gesellschaft", 2008: http://www.forumwerteorientierung.de/seite38.html, 01.07.2014
34 » vgl. ebd.
35 » vgl. ebd.
36 » vgl. Giger, Stiftung Spirit.ch 2013
37 » vgl. Dannenberg, Forum Werteorientierung 2008
38 » vgl. ebd.
39 » vgl. Eike Wenzel, Zukunftsletter: „Werte-Marketing ist das Verkaufs-Tool der Zukunft", 2011: http://www.zukunftsletter.de/news-archiv/werte-marketing-ist-das-verkaufs-tool-der-zukunft-4604.html, 01.07.2014
40 » vgl. ebd.
41 » ebd.
42 » vgl. ebd.
43 » ebd.

DIE WERTEKOMMISSION

» Mit der Wertegenerierung und dem Werteverständnis in der deutschen Wirtschaft beschäftigt sich die „Wertekommission – Initiative Werte Bewusste Führung e. V.".[44] Die Wertekommission ist eine Initiative von Führungskräften der Wirtschaft.[45] Seit einigen Jahren führt sie Studien zum Thema Werte in Unternehmen durch und misst so den sogenannten „Wirtschafts-Werte-Pulsschlag".[46] Im Mittelpunkt steht hierbei die *„grundsätzliche Auseinandersetzung mit dem eigenen Wertebewusstsein in Bezug auf die Entwicklung und Pflege von Wertesystemen in den Unternehmen".*[47] Insgesamt wurden über 350 Führungskräfte aus dem unteren bis gehobenen Management in allen Bereichen der deutschen Wirtschaft befragt.[48]

Über die Jahre hat die Wertekommission sechs Wertebegriffe erarbeitet, die im Mittelpunkt der Aktivitäten stehen.[49] Die Gewichtung und Bedeutung dieser Werte, wurde auch in der letzten Studie wieder befragt. Hier die sechs Werte:

INTEGRITÄT
» Aufrichtigkeit gegenüber sich selbst und anderen
» Konsistente Orientierung an geltenden Gesetzen, Normen und Regeln
» Leben nach Werten, Prinzipien und Selbstverpflichtungen

VERTRAUEN
» Verhalten, das dem Gegenüber Sicherheit gibt
» Subjektive Überzeugung der Richtigkeit bzw. Wahrheit von Handlungen und Einsichten
» Vermögen, anderen Spielraum zu ermöglichen

VERANTWORTUNG
» Bereitschaft oder Verpflichtung für etwas einzutreten und die Folgen davon zu tragen
» Bereitwilligkeit, Eigennutz hinter das unternehmerische Gesamtinteresse zu stellen

RESPEKT
» Gegenseitige Anerkennung und Wertschätzung der Persönlichkeit
» Achtung von Verhaltensweisen und Leistungen (z. B. Kollegen, Mitarbeiter)
» Verzicht der Dominanz der eigenen Denkweisen

NACHHALTIGKEIT
» Einklang von ökonomischen, ökologischen und sozialen Parametern
» Entwicklungschancen künftiger Generationen als unternehmerischer Handlungsmaßstab
» Ausgewogenheit zwischen kurzfristigen Quartalsgewinnen und langfristiger Profitabilität

MUT
» Bereitschaft, Neues zuzulassen und anzunehmen
» Fehlerfreundlichkeit („Trial and Error")
» Kraft zur Entscheidung und Veränderung [50]

---

44 » *Kai Hattendorf, Prof. Dr. Ludger Heidbrink, Christian Jung, Prof. Dr. Michèle Morner, Wertekommission, 2014: http://www.wertekommission.de/content/pdf/studien/Studie-Fuehrungskraeftebefragung-2014.pdf, 25.05.2014*

45 » *vgl. ebd.*
46 » *vgl. ebd.*
47 » *ebd.*
48 » *vgl. ebd.*
49 » *vgl. ebd.*

50 » *Hattendorf et. al., Wertekommission 2014*

Im Jahr 2013 wurden parallel zu den sechs Wertebegriffen „individuelle Einstellungen, die in Bezug auf das tägliche Handeln für den Unternehmenserfolg ausschlaggebend sind", ausgemacht. [51] Hierbei konnte festgestellt werden, dass „*Glaubwürdigkeit als wichtigste Handlungseinstellung beschrieben wird.*" [52] Der Aussage „*Werte und wertebewusstes Handeln fördern den Unternehmenserfolg*" stimmten 85 % der Probanden zu. Des Weiteren zeigt die Studie, dass eine Wirkung der Werte sowohl nach innen als auch nach außen erfolgt. [53] Die Wirkung nach innen schlägt sich vor allem in Mitarbeiterbindung und Unternehmenskultur nieder und die Wirkung nach außen hat großen Einfluss auf die Kundenbeziehung und die Reputationspflege. [54] Die Studie der Wertekommission zeigt, dass Unternehmen folglich mehr Erfolg haben, wenn sie nach Werten orientiert handeln. [55] Das wertebewusste Handeln ist eine vielversprechende Chance, sich von der Konkurrenz abzugrenzen und sich über die Werte bei der Zielgruppe zu verankern. [56] Doch der Erfolg geht weit über Differenzierungskraft hinaus, denn nicht nur Kunden können hierdurch langfristig gebunden werden, sondern auch die Mitarbeiter. [57] «

WERTE UND NEUROMARKETING

Werte repräsentieren das von den Menschen gefühlsmäßig als übergeordnet Anerkannte, so der Philosoph Hermann Lotze. *(1817-1881)* Sie wirken emotional über unsere Glaubenssätze und Prägungen. Wie diese emotionalen und unbewussten Ressourcen in uns wirken, dass untersuchen neuere Forschungen auf dem Gebiet des Neuromarketing. [58]

---

51 » *Kai Hattendorf, Wertekommission: „Führungskräftebefragung", 2013: http://www.wertekommission.de/content/pdf/studien/Fuehrungskraeftebefragung_2013.pdf, 25.05.2014*

52 » *ebd.*

53 » *ebd.*

54 » *vgl. ebd.*

55 » *vgl. ebd.*

56 » *vgl. ebd.*

57 » *vgl. ebd.*

58 » *http://de.wikipedia.org/wiki/Wertvorstellung*

64 HOMO SENTIENS

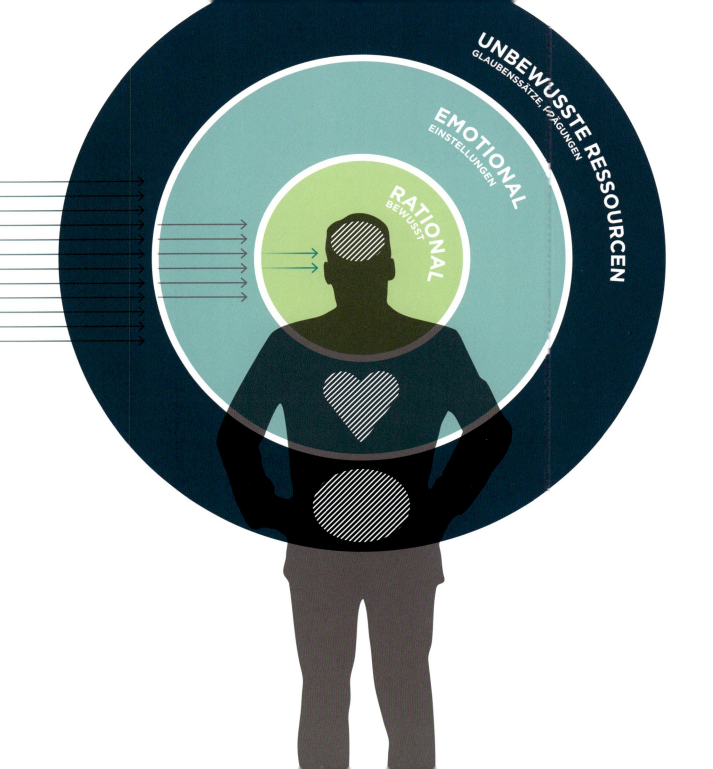

ÄUSSERE REIZE & EINFLÜSSE

NUR EIN BRUCHTEIL DER ÄUSSEREN REIZE ERREICHT UNSER BEWUSSTSEIN

Heutzutage ist klar, dass der Mensch ein eher emotionales oder „fühlendes" Wesen ist, auch „Homo sentiens" genannt. [59] Doch nicht erst seit Sigmund Freud wissen wir, dass es bei dem Homo sapiens, dem weisen Menschen, nicht ganz so rational zugeht wie gedacht. Bevor ein Reiz unseren Verstand erreicht hat, muss er unsere unbewussten Ressourcen passieren, unser Gefühl durchkreuzen und kann dann schön vorgefiltert erst unserem Verstand begegnen. Die Mechanismen dahinter untersucht die relativ neue Wissenschaft des Neuromarketings.

[59] » Campelo, Homosentiens 2014: http://www.homosentiens.com/why-homo-sentiens/, 21.11.2014

NEUROMARKETING

» Das Werte und wertebewusstes Handeln immer wichtiger werden, ist inzwischen kein Geheimnis mehr. Unternehmen, die Werte bei sich bewusst fördern und integrieren, haben einen entscheidenden Marktvorteil. Um das unternehmenseigene Wertesystem zu definieren, ist es zunächst wichtig sich selbst zu positionieren. Hierfür bieten auch Modelle aus dem Neuromarketing eine Möglichkeit der Veranschaulichung. Die Arbeiten von Dr. Häusel und der Gruppe Nymphenburg haben dazu entscheidende Erkenntnisse geliefert. Bevor die Anwendung dieser Arbeiten behandelt wird, muss zunächst deren Hintergrund erläutert werden.

Für das Gehirn des Menschen haben Marken, die mit positiven Emotionen aufgeladen sind, mehr Wert als andere. [60] Es gilt die Marke mit positiven Emotionen und Werten zu stärken und negative Emotionen zu vermeiden. [61] Diese Bewertung von Marken erfolgt beim Kunden weitgehend unbewusst. [62]

Die Neurowissenschaft konnte in den letzten Jahren viel Aufklärung über „die Rolle der Gefühle und Emotionen" in Entscheidungsprozessen geben. [63] Mit Hilfe neuester Technik wird untersucht, wie das menschliche Gehirn funktioniert und organisiert ist. [64] Darüber hinaus, erlaubt es die Neurowissenschaft „die Bedeutung der Emotionen zu vergegenwärtigen." [65]

Eine besonders wichtige Feststellung ist, „dass der Konsument bzw. der Kunde kein rational handelndes Subjekt ist." [66] Bei (Kauf-) Entscheidungsprozessen wird der Kunde immer von impliziten und unbewussten Vorgängen gesteuert. [67] Das bedeutet, dass Entscheidungen immer (auch) emotional getroffen werden. [68]

Diese Erkenntnisse können den „Schlüssel zum WIE und WARUM erfolgreicher Markenführung" darstellen. [69]

Um zu veranschaulichen, wie wir Entscheidungen treffen, hat Dr. Häusel unser Emotions- und Motivationssysteme untersucht und miteinander in Beziehung gesetzt.

Die drei wichtigsten Systeme, auch „Big 3" genannt, sind das Balance-System, das Dominanz-System und das Stimulanz-System. [70] Weitere wichtige Emotionssysteme sind Bindung, Fürsorge, Sexualität und Appetit bzw. Ekel. [71] «

---

60 » vgl. Dr. Hans-Georg Häusel: „Emotional Boosting. Die hohe Kunst der Kaufverführung", 2. Auflage, Haufe-Lexware GmbH & Co. KG, Freiburg 2012, 21 f.
61 » vgl. ebd.
62 » vgl. ebd.
63 » Raab et al. 2009, 1
64 » vgl. ebd., 3
65 » ebd., 4
66 » ebd.
67 » vgl. ebd.
68 » vgl. ebd.
69 » vgl. Scheier | Held 2009, 22
70 » vgl. Häusel 2011, 36
71 » vgl. ebd.

DER LIMBIC® ANSATZ VON DR. HÄUSEL

» Aus den Erkenntnissen der Neurowissenschaft ist der Limbic® Ansatz von Dr. Hans-Georg Häusel entstanden. [72] Limbic® hat sich innerhalb kürzester Zeit „*zu einem bedeutenden Instrument und Denkansatz in den Bereichen Motiv- und Kaufanalysen, Markenpositionierung, Zielgruppensegmentierung, Alters- und Geschlechtsmarketing, Verkaufstraining und Unternehmensentwicklung entwickelt.*" [73] Limbic® setzt sich aus Erkenntnissen der Hirnforschung, der Psychologie, der Soziologie und der Philosophie zusammen und stellt ein funktionales Grundmodell der Motive, Emotionen und Persönlichkeitsstrukturen dar. [74] Mit diesem Modell wurde ein universelles und einfaches System erschaffen, das wissenschaftlich fundiert und sehr verständlich ist. [75] Nach dem Prinzip der Einfachheit wurde die Symbolik und Namensgebung „*klar, plakativ und durchgängig*" gestaltet, denn laut Häusel ist es die Aufgabe der Wissenschaft, ihre Erkenntnisse nicht nebulös und komplex zu verpacken, sondern das Wesentliche auf den ersten Blick ersichtlich zu machen. [76] Die wichtigsten Grundsäulen von Limbic® sind die „*Vormacht des Unbewussten und die Vormacht der Emotionen.*" [77] «

[72] » *Dr. Hans-Georg Häusel: „Die wissenschaftliche Fundierung des Limbic© Ansatzes", München 2011, 4*
[73] » *ebd.*
[74] » *vgl. ebd., 4 f.*
[75] » *vgl. ebd., 6*
[76] » *vgl. ebd., 7*
[77] » *ebd.*

LIMBIC® MAP
Der Emotions- und Werteraum des Menschen

» Die Limbic® Map stellt eine Art Landkarte dar und zeigt die gesamte funktionale Struktur des Emotions-, Motivationsraum des Menschen auf. [78] Das Grundgerüst stellen die „Big 3" dar. Zwischen den drei Systemen sind sogenannte „Mischungen" vorhanden: Die Mischung von Stimulanz und Dominanz ist Abenteuer/Thrill, die Mischung von Dominanz und Balance ist Disziplin/Kontrolle und die Mischung zwischen Balance und Stimulanz ist Fantasie/Genuss. [79]
Auf der Limbic® Map sind Emotionen und Werte verortet, anhand derer u. a. Zielgruppensegmentierungen und Markenpositionierungen erfolgen können. [80] «

[78] » *vgl. Häusel 2011, 48*
[79] » *vgl. ebd.*
[80] » *vgl. ebd.*

DR. HANS-GEORG HÄUSEL

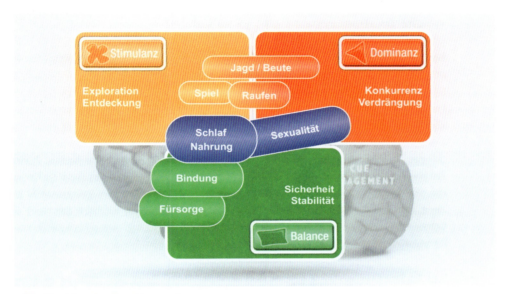

» Die Struktur der Emotionssysteme

» Die Limbic® Map: Die Einordnung der Emotionen und Werte

DAS DOMINANZ-SYSTEM

Dieses System verfolgt die Ziele Selbstdurchsetzung, Konkurrenzveränderung, Status, Macht, Autonomie.[81] Es wirkt diesen Zielen bei, indem es bspw. Konkurrenten verdrängt, die an gleichen Partnern interessiert sind.[82] Es ist für die Gefühle Stolz, Sieges- und Selbstwertgefühl, aber auch für Ärger, Wut und Machtlosigkeit verantwortlich.[83]

DAS STIMULANZSYSTEM

Das Stimulanz-System vereint die Ziele *„Entdecken von Neuem und Lernen von neuen Fähigkeiten."*[84] Es hilft uns, Aufmerksamkeit beim Partner zu erwecken.[85]
In diesem System sind Gefühle wie Prickeln, Überraschung und Langeweile wiederzufinden.[86]

DAS BALANCE-SYSTEM

Hier stehen Sicherheit, Risikovermeidung und Stabilität im Vordergrund.[87] Das System stabilisiert die Paarbindung und sichert das Überleben des Nachwuchs.[88] Das Balance-System ist für Geborgenheit, Sicherheit, Stabilität und Unsicherheit, Angst, Stress verantwortlich.[89]

---

[81] » *vgl. Häusel 2011, 36*
[82] » *vgl. ebd.*
[83] » *vgl. ebd, 42*
[84] » *ebd.*
[85] » *vgl. ebd.*
[86] » *vgl. ebd, 42*
[87] » *vgl. ebd.*
[88] » *vgl. ebd.*
[89] » *vgl. ebd, 42*

68 | DIE LIMBIC® MAP VON DR. HÄUSEL ALS MODELL EINES GANZHEITLICHEN WERTERAUMS

ALLE EMOTIONEN UND WERTE AUF EINEN BLICK

Limbic® stellt ein gutes „Meta-Modell" dar, da es den gesamten Werteraum des Menschen belegt und beschreibt. Der Limbic® Ansatz baut auf wissenschaftlichen Grundlagen auf. Die These ist, dass verschiedenste Werte- und Motivationssysteme auf Limbic® übertragen werden können. Denn wenn dieser Werteraum aus dem Neuromarketing alle Motivationen abbildet und somit ein Modell der „Realität" ist, so müssten sich auch andere Modelle, die menschliche Gefühlen und Werte in ihrer Gesamtheit typologisieren, dort wiederfinden lassen. Zur Vergleichbarkeit haben wir die Darstellung der Limbic® Map von der vorherigen Seite, an die des Wertetargets angepasst.

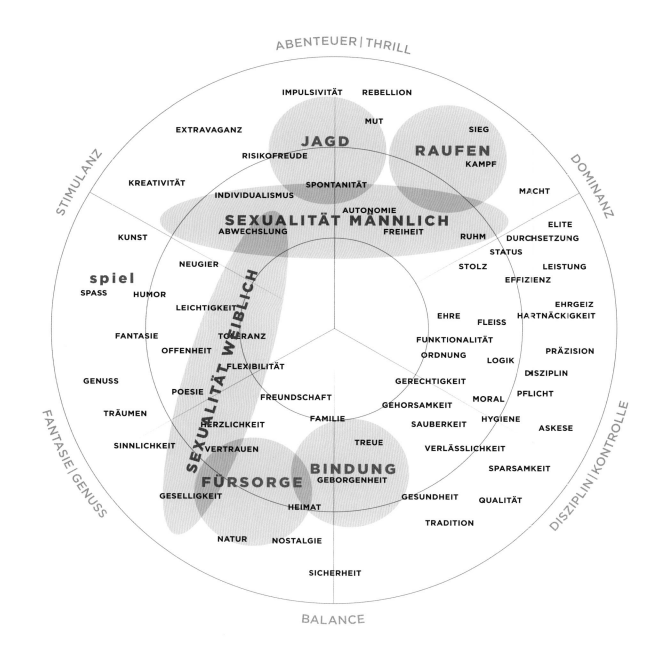

Abbildung „Die Limbic® Map von Dr. Häusel als Modell eines ganzheitlichen Werteraums" eigene Darstellung in Anlehnung an: Häusel 2012, S.33) © Dr. Häusel Gruppe Nymphenburg Consult AG

DAS WERTETARGET IM VERGLEICH MIT DER LIMBIC® MAP

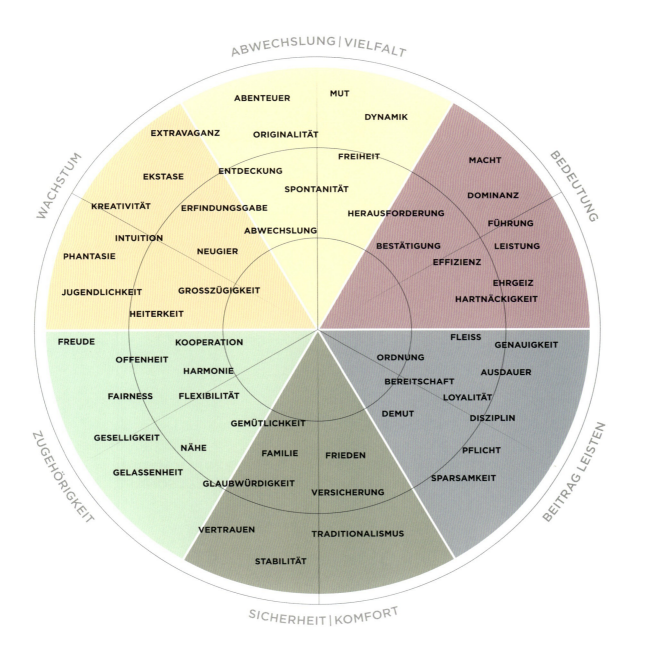

ANDERE WORTE – GLEICHE WERTE

Obwohl die Herleitung beider Modelle sehr unterschiedlich ist, wird offensichtlich, dass die Aufteilung des Werteraumes in beiden Modellen große Entsprechungen hat. Es wird dann besonders deutlich, wenn wir im Wertetarget die Werte, die stärker das Bedürfnis des Bereiches verkörpern, nach außen setzen und die Übergänge zu dem benachbarten Bedürfnisbereich bei der Platzierung beachten.

Während die Limbic® Map sich auf die Funktion unseres Gehirns bezieht, orientiert sich das Wertetarget an unseren Bedürfnissen. Da beide modellhaft und recht vollständig die „Wirklichkeit" abbilden, wundert diese Übereinstimmung nicht. Die Einteilung der Bereiche ist in der Benennung leicht unterschiedlich, aber bei den Werten gibt es groß Überschneidungen. Deutlich wird auch, dass zwischen den einzelnen Bereichen ein fließender Übergang besteht. Es ist also kein scharfes Raster. Das kann es auch nicht sein, da Werte sich nicht immer präzise in ihrer Bedeutung definieren lassen.

WERTETARGET UND LEITBILDER

LEITBILDER GEBEN ANTWORT AUF DAS WARUM

Auch Leitbilder und Visionen von Unternehmen sind immer von Werten getragen, die sich in dem Wertetarget verorten lassen. Ein Leitbild setzt sich zusammen aus dem Leitmotto, den Leitsätzen und dem Leitmotiv. Wichtig für das Leitmotiv sind die Firmengeschichten, der Sinn des Unternehmens, der Kundennutzen und welchen Beitrag das Unternehmen für die Gesellschaft leistet. Ist die Realitätslücke zum Leitbild zu groß oder wird das Leitbild angeordnet, bleiben es leere Worte. Ein Leitbild muss gelebt und permanent kommuniziert werden – nach innen und außen.

Die Ausgewogenheit des Wertetargets wird klarer, wenn man sich veranschaulicht, dass die Anordnung der Werte auch aus der Perspektive von Bejahen, Verneinen und Neutralisieren gesehen werden kann.

Wenn diese drei Pole wiederum in Zusammenhang mit den Leitbildern und Zielen gesetzt werden, kann folgendes festgestellt werden: Der „bejahende" Bereich beschreibt, Leitbilder oder auch Ziele, die neue Umstände im Unternehmen schaffen. Im „verneinenden" Bereich finden sich Unternehmen, die mit Umständen kämpfen. Und im Bereich „Neutralisieren", werden Umstände genutzt.

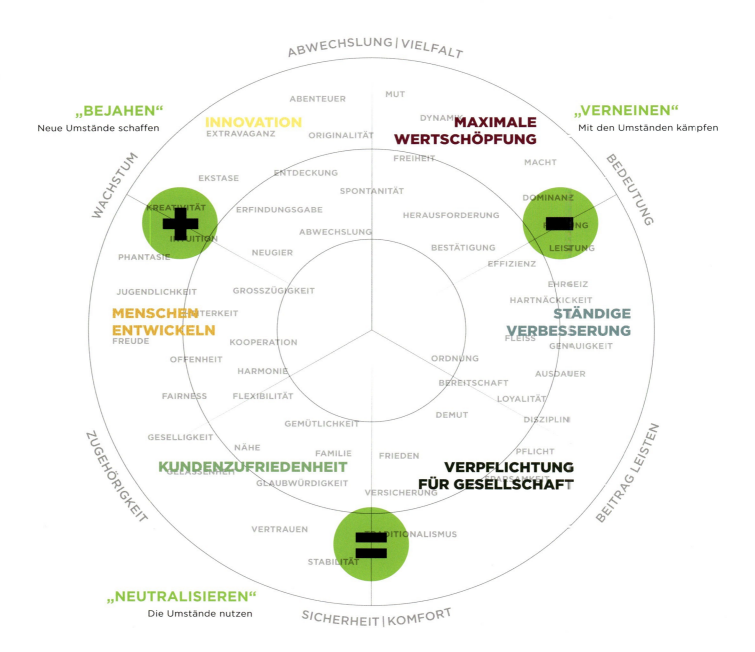

ZIELE BRAUCHEN WERTE

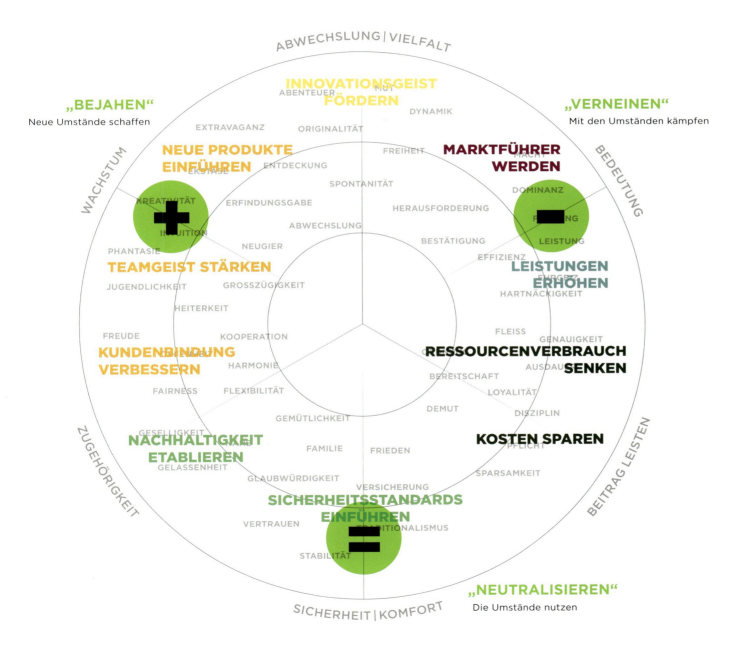

ZIELORIENTIERUNG MIT WERTEN

Ziele erfüllen immer auch ein bestimmtes Bedürfnis und lassen sich meist gut einem der sechs Bereiche zuordnen. Wenn die Werte hinter den Zielen den Mitarbeitern im Unternehmen klar kommuniziert werden, können die Mitarbeiter sich viel besser orientieren und klar auf das Ziel hinarbeiten. Sie wissen dann wie und warum ein Ziel verfolgt werden soll. Das Wertetarget ermöglicht auch einen Abgleich, ob die Ziele zur Markenpositionierung passen. Zu gern will manch ein Chef heute nachhaltig agieren, morgen Innovation in den Vordergrund stellen und übermorgen mit einem Kampfpreis an den Markt gehen. Im Ergebnis weiß dann keiner mehr für welche Ziele und Werte das Unternehmen steht.

DAS VIER-QUADRANTEN-MODELL

MENSCHEN UNTERSCHEIDEN SICH AUCH NACH DENKSTILEN

Dieses Modell des Gehirns ist ein Modell zur Denkstilanalyse von Ned Herrmann. [90] Es handelt sich somit um eine moderne Typenlehre auf Grundlage der Neurowissenschaften. „*Dieses besagt, dass jeder Mensch bevorzugte Denkstile hat.*" [91] In der Praxis wird das Modell unter anderem für Teamzusammenstellungen genutzt. Diese Denkstile sind in vier Typen eingeteilt, die auch im Wertetarget gut abzubilden sind.

A* Rationales Ich – analysiert, ist logisch, ist kritisch, ist realistisch, liebt Zahlen, technisch orientiert, ist faktenorientiert, kennt sich mit Finanzen aus.

B* Organisatorisches Ich – trifft Vorkehrungen, realisiert Dinge, ist zuverlässig, ist ordentlich, ist pünktlich, organisiert, strukturiert, plant gerne.

C* Fühlendes Ich – ist mitfühlend, ist gefühlsbetont, unterrichtet gerne, bewegt viel, ist hilfsbereit, ist expressiv, ist emotional, redet viel.

D* Experimentelles Ich – ist intuitiv, spekuliert, ist konzeptionell, ist risikiofreudig, übertritt Regeln, mag Überraschungen, ist kreativ/innovativ, ist neugierig/spielt gerne.

[90] » vgl. scrivo PublicRelations GbR: „Ganzheitliches Denken für eine Rundumkommunikation", 2014: http://www.scrivo-pr.de/Diescrivo-Methode/Ganzheitlichkommunizieren/, 09.10.2014

[91] » ebd.

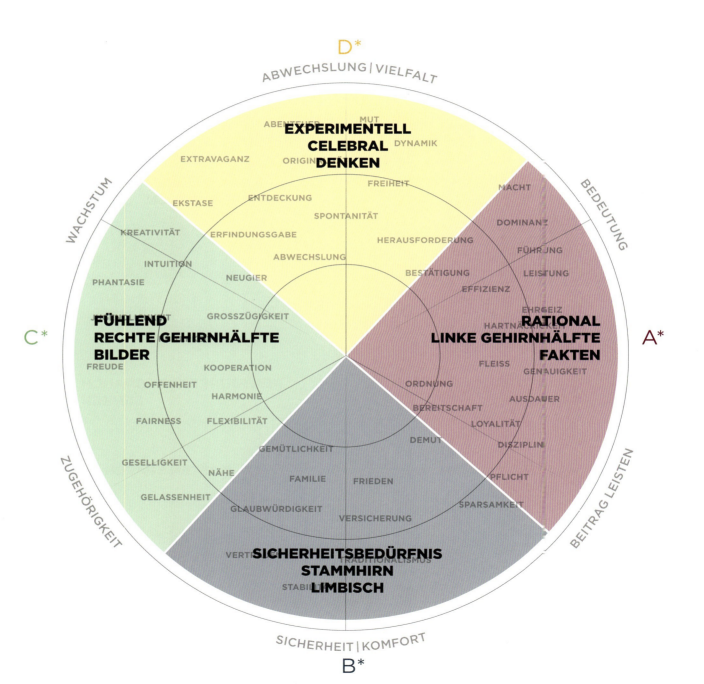

FAZIT

Das Modell des Wertetarget bietet eine sehr eingängige und leicht zu verstehende Grundlage für das Wertemarketing. Mit ihm ist es leicht authentische, individuelle Werte zu identifizieren und so zu Wertebotschaften zu kommen. Der im Neuromarketing entstandene Werteraum der Limbic® Map ist eine hervorragende und fundierte Landkarte, die sich mit dem Wertetarget ergänzt.

Durch die Untersuchungen des Neuromarketings haben wir erkannt, dass Menschen sich entsprechend ihrer Prägungen und Glaubenssätze bei ihren Entscheidungen verhalten. Dieses Wissen kann jeder Unternehmer für seine Außendarstellung nutzen. Die im Neuromarketing beschriebenen Muster sind ein Spiegel von dem, was wir unsere Wertvorstellung nennen. Gemäß der eigenen Kommunikationsziele, können diese Werte gezielt aufgeladen werden – denn Ziele brauchen Werte.

WISSEN UND SEIN

Was Unternehmen als sehr wichtig priorisieren und was sie tatsächlich leben.

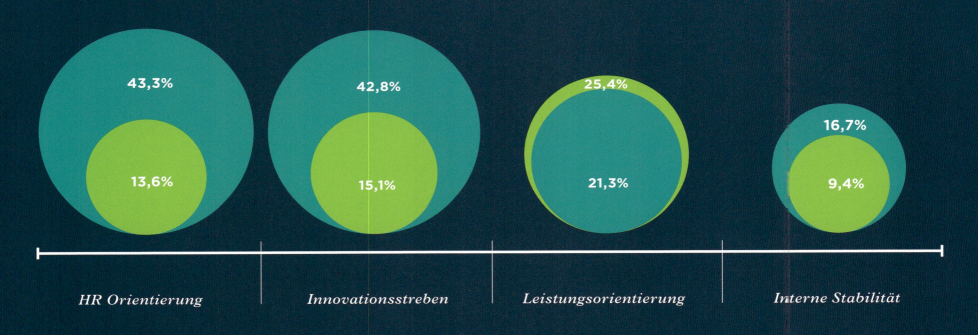

| HR Orientierung | Innovationsstreben | Leistungsorientierung | Interne Stabilität |

- Wunsch: 43,3% / Realität: 13,6%
- Wunsch: 42,8% / Realität: 15,1%
- Wunsch: 21,3% / Realität: 25,4%
- Wunsch: 16,7% / Realität: 9,4%

Quelle: Eine Studie der Wertekommission und des Reinhard-Mohn-Instituts der Universität Witten/Herdecke, Kai Hattendorf, Prof. Dr. Ludger Heidbrink, Prof. Dr. Michèle Morner, Christian Jung, Wertekommission: „Führungskräftebefragung", 2014 | unter: http://www.wertekommission.de/home/

05

Wertekommunikation in Unternehmen

Die eigenen Werte kommunizieren

VON WERTEN ZUM WERTEMARKETING

„Werte-Marketing ist das Verkaufs-Tool der Zukunft. [92]

05. 1 — ZIELGRUPPEN
Typisierung nach Wertevorstellungen

05. 2 — MARKEN
Positionierung über Werte

05. 3 — PRODUKTE
Werteeigenschaften von Produkten

05. 4 — DIENSTLEISTUNGEN
Wertecharakter einer Dienstleistung

05. 5 — B2B-KOMMUNIKATION
Wertepositionierung im B2B

05. 6 — UNTERNEHMENSKULTUR
Wertehaltung im Team

» Der Werteraum stellt eine modellhafte Gesamtheit unserer Emotionen und Motivationen dar. Dieser lässt sich auf verschiedene Ebenen der Kommunikation übertragen. Auf allen Ebenen ist der gesamte Werteraum wiederzufinden. Die Wortfelder passen sich der jeweiligen Ebene an. Dadurch wird es leichter die jeweilige Werteausrichtung auf der jeweiligen Ebene zu identifizieren. Denn Werte sind in jedem Unternehmen vorhanden. Die Kunst ist es diese auch authentisch zu kommunizieren. Vielen Unternehmen ist das jedoch nicht bewusst. Mit den Tools, die in diesem und den nächsten Kapiteln betrachtet werden, können diese Werte leicht herauskristallisiert und anschaulich gemacht werden. In diesem Kapitel betrachten wir die Wertekommunikation auf sechs verschiedenen Ebenen. «

---

92 » *Dr. Eike Wenzel Zukunftsforscher, http://www.zukunftsletter.de/news-archiv/ wertemarketing-ist-das-verkaufs-tool-der-zukunft-4604.html*

DIE SECHS EBENEN DER WERTEKOMMUNIKATION

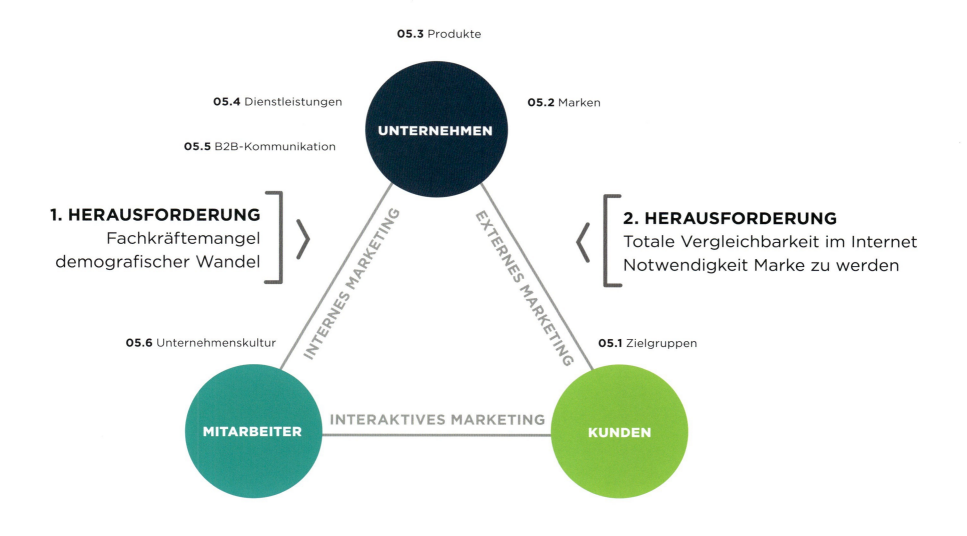

Quelle: Abb. „Die 6 Ebenen Der Wertekommunikation", eigene Darstellung, in Anlehnung an: Waldemar Pelz: „Strategische und Operatives Marketing, Ein Leitfaden zur Erstellung eines professionellen Marketing-Plans", Books on Demand GmbH, Norderstedt 2004

ZIELGRUPPEN

Mit seinen Werten bewusst kommunizieren.

» Zielgruppen ticken heute anders und sind viel ausdifferenzierter. Zielgruppen wollen individueller angesprochen werden. Auch die Anzahl der möglichen Kommunikations-Kanäle hat enorm zugenommen. Die Qualitätsansprüche an die Unternehmenskommunikation sind komplexer geworden. Eine Dialog- und Netzwerkorientierung im Marketing braucht neue Kommunikationswege. Kommunikationsformen wie Storytelling, Content Marketing, Kooperationsmarketing, Videomarketing und Suchmaschinenmarketing müssen immer mehr in Betracht gezogen werden. Die Wertekommunikation zeigt, wie sich Zielgruppen über Werte segmentieren lassen, und wie sich Botschaften zielgruppengerecht zuspitzen lassen. «

Wer die Werte seiner Zielgruppe kennt, weiß in welcher Sprache er mit ihr reden muss, um sie emotional zu erreichen.

EINSTELLUNGS- UND EIGENSCHAFTENSCHWERPUNKT

SINN DER TYPISIERUNGEN

Wertehaltungen und Glaubenssätze bedingen, dass bestimmte Eigenschaften in jedem stärker ausgeprägt sind als andere. Wie Ihre Eigenschaften ausgeprägt sind, wo Sie Ihren Schwerpunkt haben und wie sich das im Werteraum darstellt, können Sie unter *www.wertekommunikation.info* testen. Menschen sind immer mehr als nur ein Typ und manche Typisierungen neigen dazu Menschen wie Karikaturen wirken zu lassen. Auch wechseln Menschen die Rollen und spielen unterschiedliche Typen abhängig von den Umständen. Dennoch lassen sich individuelle Unterschiede in den Bedürfnisschwerpunkten erkennen. Dem einen ist Sicherheit sehr wichtig bei seinen Entscheidungen, der andere ist risikofreudig und spontan. Will der eine immer das beste für sich rausholen, ist es dem anderen wichtig, dass es der Gruppe gut geht.

ZIELGRUPPEN UND TYPEN

» Die einfachste Art sich Typologien zu nähern, ist sich zu fragen, welcher Typ man selber ist. Persönlichkeitstests leben von dieser Neugierde. Menschen lassen sich anhand ihrer Werte in Typen unterteilen und es gibt schon seit Urzeiten die unterschiedlichsten Typenmodelle. Wie die Einteilung dann genannt wird, ist nicht so entscheidend. Es hängt auch oft davon ab, unter welchen Gesichtspunkt man eine Gruppe betrachtet. Jedes Casting für einen Film versucht immer ein Typenmix zu finden, um ein Spannungsfeld zu erzeugen. Typen stellen immer eine Simplifizierung dar. Die wenigsten von uns sind voll und ganz nur ein Typus, sondern wir haben immer Eigenschaften von allen Typen, aber meist einen Schwerpunkt in einem Bereich. Dieser Schwerpunkt entsteht durch unsere Glaubenssätze und Wertevorstellungen.

Durch das Sammeln von persönlichen Daten, wie es Firmen wie Facebook und Google machen, oder wie sie über Kundenkarten und Bonusprogramme gesammelt werden, sind heute sehr fein abgestimmten Typisierungen möglich.

Die Limbic® Map von Dr. Häusel bietet eines dieser Typisierungsmodelle zur neuronalen Zielgruppensegmentierung. [93] Unsere Persönlichkeitseigenschaften können direkt aus der Limbic® Struktur abgeleitet werden. [94] Denn diese sind auf die Emotionssysteme im Gehirn zurückzuführen. [95] Insgesamt ergeben sich sieben „Limbic® Types". In Zusammenarbeit mit der „Typologie der Wünsche" vom Burda Verlag, haben Dr. Häusel und die „Gruppe Nymphenburg" eine repräsentative Verteilung der sieben Typen in Deutschland gemessen. [96] Die Ergebnisse zeigen, dass in Deutschland „Harmoniser" und „Traditionalisten" am häufigsten vertreten sind. [97]

Je nach Altersgruppe und Geschlechterzugehörigkeit, variieren die Zahlen stark. Abenteurer sind öfter unter jungen Männern als unter alten Damen zu finden. Mittlerweile lassen sich schon bei Adressanbietern nach Typen vorselektierte Datensätze erwerben.

Die emotionale Persönlichkeitsstruktur eines Menschen beeinflusst außerdem u.a. das Produktinteresse, die Qualitätserwartung, die Designpräferenz und Markenentscheidung eines Konsumenten. [98]

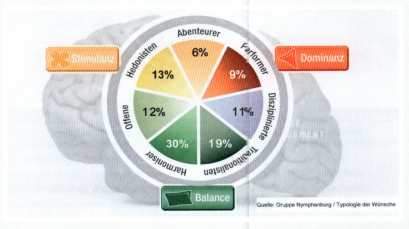
Quelle: Gruppe Nymphenburg / Typologie der Wünsche

» Die repräsentative Verteilung der Limbic® Types in Deutschland in Burda Typologie der Wünsche (TDWI)

Gerade bei der Wahl von bestimmten Marken spielt die Ausprägung der Persönlichkeitsdimensionen eine starke Rolle. [99] Für beispielsweise „Performer" und „Abenteurer" haben Marken mit dem emotionalen Versprechen „Macht, Status und Leistung" eine viel höhere Relevanz als bei „Traditionalisten". [100] Da der Konsument selbst nur wenig Einblick in sein „emotionales Betriebssystem" hat, spielen sich die „Aufmerksamkeits- und Involvementprozesse" weitgehend unbewusst ab. [101] «

93 » vgl. Häusel 2011, 52
94 » vgl. ebd.
95 » ebd.
96 » vgl. Häusel 2012, 40
97 » vgl. ebd.
98 » vgl. ebd., 41 ff.
99 » vgl. ebd., 44
100 » vgl. ebd.
101 » vgl. ebd.

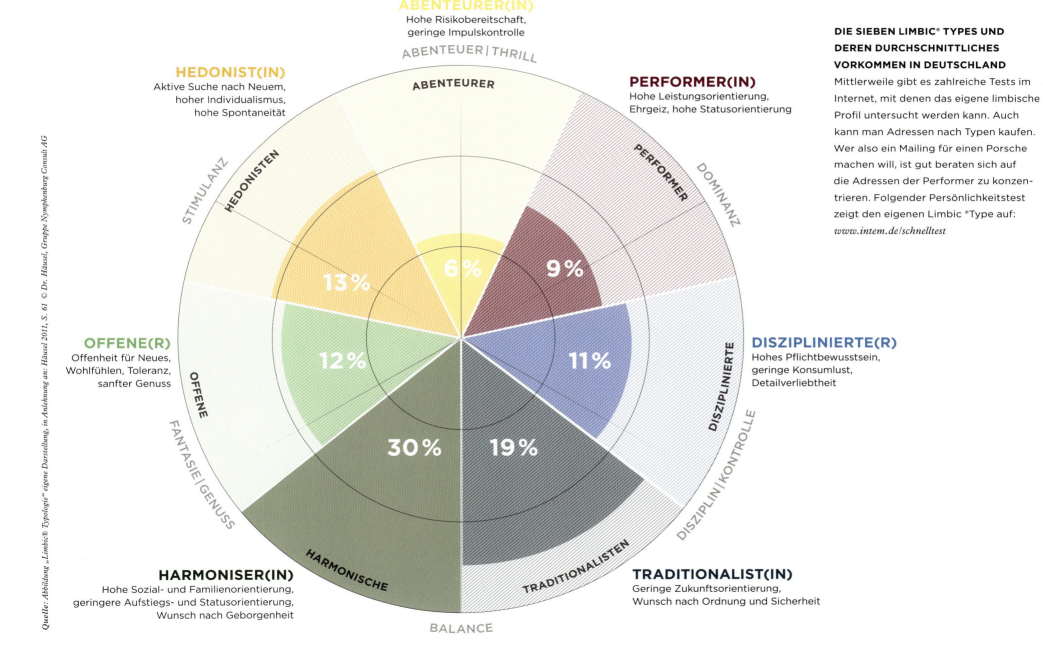

82 SINUS- UND SIGMA-MILIEUS®

MILIEUS ALS TYPEN

Weitere Zielgruppensegmentierungen sind die Sinus- und die Sigma-Milieus®. Bei beiden Typologien werden Menschen anhand unterschiedlicher Kriterien wie bspw. Befindlichkeiten, Orientierungen, Werte, Lebensziele, Lebensstile, Einstellungen und Lebenswelten gruppiert.[102] Sowohl bei den Sinus, als auch bei den Sigma-Milieus® sind zehn Typen zu verzeichnen.[103] Diese Typen lassen sich ebenfalls in dem Wertetarget einordnen.

[102] » vgl. SIGMA 2014 und SINUS Markt- und Sozialforschung 2014

[103] » vgl. ebd.

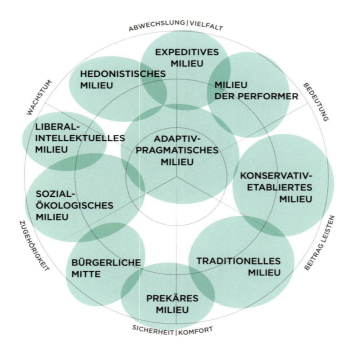

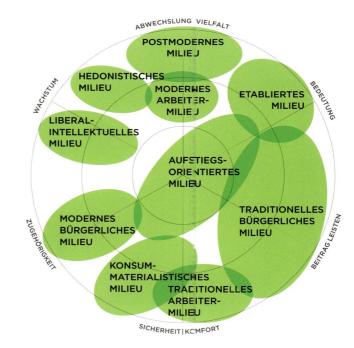

ARCHETYPEN

05 Wertekommunikation in Unternehmen | Zielgruppen und Typen 83

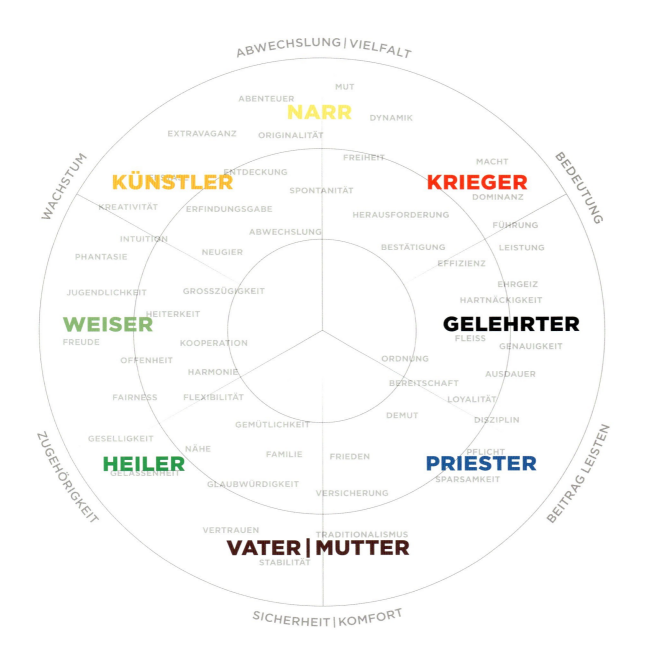

TYPEN GAB ES SCHON IMMER

Die Archetypen als Typenmodell decken den Werteraum im Target in seiner Gesamtheit mit ihren typischen Eigenschaften plausibel ab. In dem Sinne sind die Typen aus dem Neuromarketing auch nichts neues. Sie sind eine zeitgemäße, auf Marketing bezogene Beschreibung eines Phänomens, dass schon im Altertum bekannt war. Menschen unterscheiden sich und lassen sich um den Preis der Vereinfachung in Typen segmentieren.

Wie in einer guten Geschichte oder einem Film alle Typen vorkommen, so braucht auch ein Unternehmen unterschiedliche Typen. In einem guten Team sind immer unterschiedliche Typen, die sich durch ihre unterschiedlichen Wertevorstellungen bereichern und ergänzen.

BIG-5-TEST

TYPISIERUNG DURCH TESTS

Ein sehr bekannter Persönlichkeitstest ist der Big-5-Test. [104] Auch dieser lässt sich mit dem Werteraum in Verbindung setzen. Er zeigt auch sehr schön die Polarität, welche die gegenüberliegenden Werte in dem Kreis haben. Durch Fragen wird bei den Probanden getestet, in welche Richtung er eher tendiert. [105]

Der Test wird auch bei vielen Einstellungsverfahren genutzt. Dem Motto folgend „hire for attitude, train for skills", ist es wichtig Mitarbeiter zu finden, die zu den Unternehmenswerten passen und gleichzeitig aber auch noch eigene Akzente dazu bringen.

[104] » Theo Fehr, IPPM Institute of Personality Psychology and Meditation: „Big Five: Die fünf grundlegenden Dimensionen der Persönlichkeit und ihre dreißig Facetten", 2006: http://www.i-p-p-m.de/Das_Big-Five_Modell.pdf, 09.10.2014

[105] » vgl. ebd.

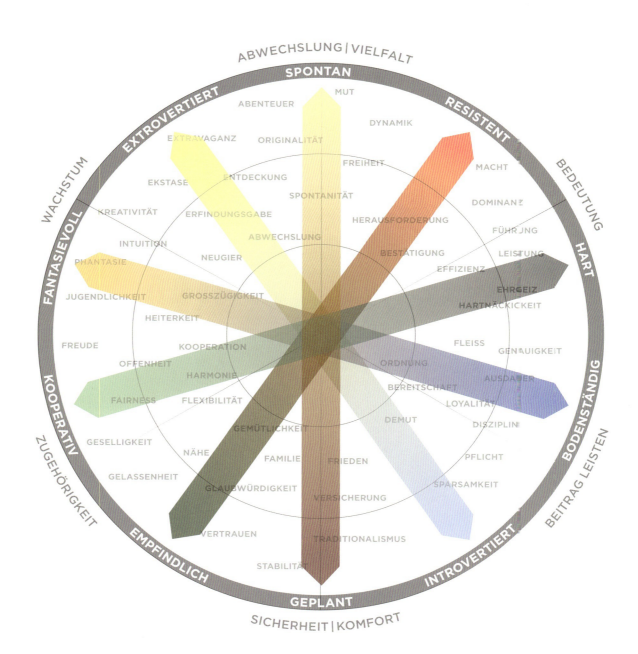

TYPENTEST

05 Wertekommunikation in Unternehmen | **Zielgruppen und Typen** | 85

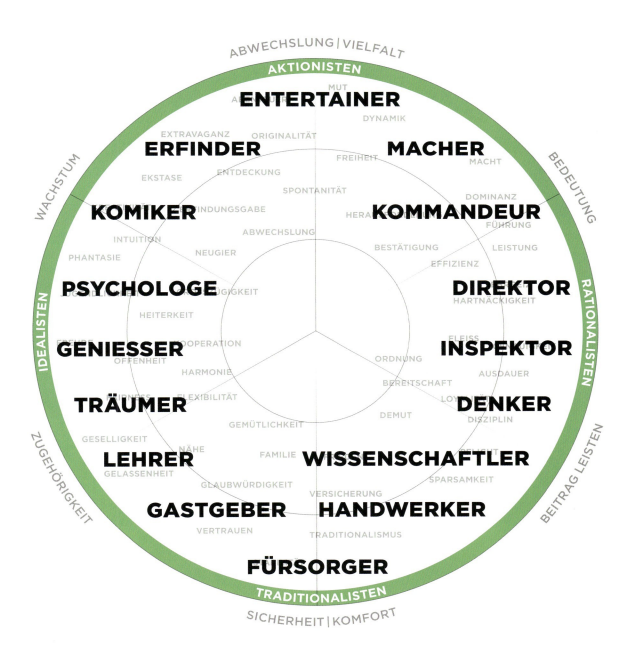

ZUM EIGENEN TYP IN 5 FRAGEN

Der Typentest unter *www.typentest.de* bestimmt durch Auswahlfragen die Wertehaltung und den Typ der Probanden. [106] Die Fragen beruhen auf fünf Gegenteilspaaren, die an den Big-5-Test angelehnt sind. [107] Auch diese 16 Typen decken spezifische Aspekte des Werteraumes ab. Die Beschreibungen der einzelnen Typen gehen sehr ins Detail und können Anregungen zur eigenen Zielgruppensegmentierung liefern. [108]

[106] » *Typentest „Persönlichkeitseigenschaften" 2014: http://www.typentest.de/typentest_de_-_erklarung/typentest_de_-_ebenen.htm, 09.10.2014*

[107] » *vgl. ebd.*

[109] » *vgl. ebd.*

86 BEISPIEL: WEIBLICHE MODETYPEN

MARKTSEGMENTIERUNG

Oft ist es sinnvoll die Zielgruppen in seinem Markt zu segmentieren und sich auf ein Segment zu konzentrieren. Die Bezeichnungen der Segmente sind in jeder Branche individuell. Man kann sich auf bestehende Typensysteme beziehen oder eigene Personas kreieren und in dem Wertetarget positionieren. Manche Branchen brauchen eine Differenzierung in einem Teilbereich, anderen Typen für alle Bedürfnisbereiche.
Ob sich daraus fünf, sechs oder zehn Segmente ergeben, ist unerheblich. Wichtig ist, die Werte der Zielgruppe zu definieren und die Kommunikation entsprechend der Werte der Zielgruppe auszurichten.
Als Beispiel hier eine Einteilung in fünf Modetypen. Ein Experte könnte sicher auch zwölf Modetypen anhand Ihrer Werte beschreiben und definieren.

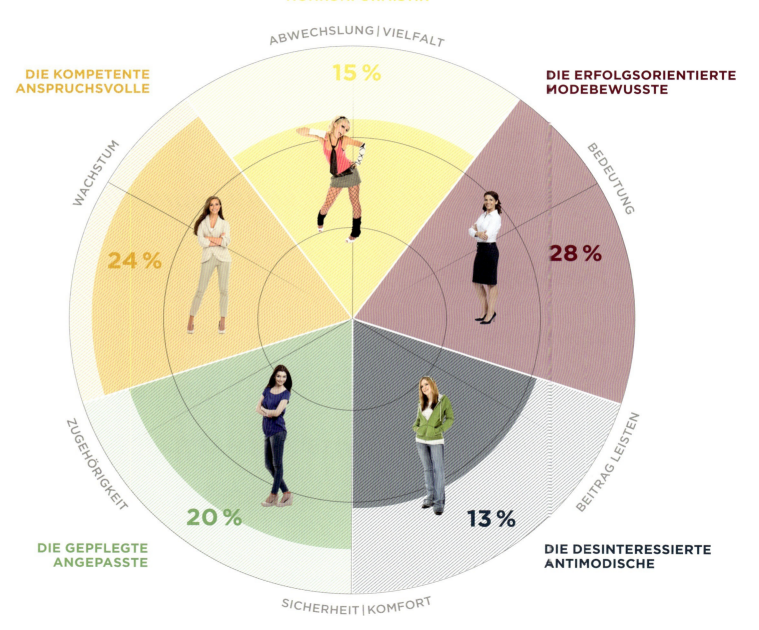

Quelle: Strategisches und Operatives Marketing, Prof. Dr. Waldemar Pelz, 2004, Seite 31 f.

BEISPIEL: MÄNNLICHE MODETYPEN

05 Wertekommunikation in Unternehmen | Zielgruppen und Typen

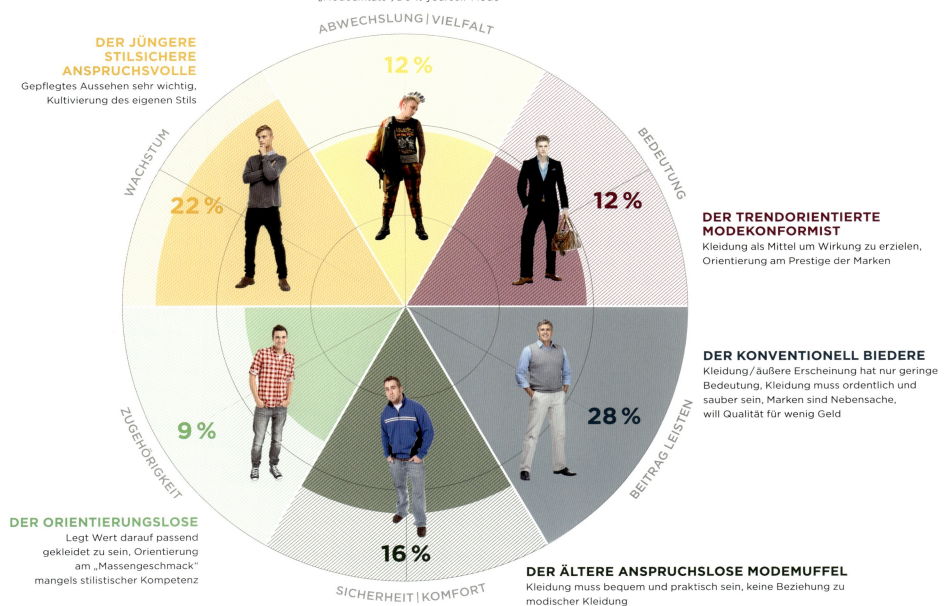

DER UNGEPFLEGTE JUGENDLICHE
Geringschätzung von Kleidung, Ablehnung des „Modediktats", Do-it-yourself-Mode

ABWECHSLUNG | VIELFALT — 12 %

DER JÜNGERE STILSICHERE ANSPRUCHSVOLLE
Gepflegtes Aussehen sehr wichtig, Kultivierung des eigenen Stils

WACHSTUM — 22 %

DER TRENDORIENTIERTE MODEKONFORMIST
Kleidung als Mittel um Wirkung zu erzielen, Orientierung am Prestige der Marken

BEDEUTUNG — 12 %

DER KONVENTIONELL BIEDERE
Kleidung / äußere Erscheinung hat nur geringe Bedeutung, Kleidung muss ordentlich und sauber sein, Marken sind Nebensache, will Qualität für wenig Geld

BEITRAG LEISTEN — 28 %

DER ÄLTERE ANSPRUCHSLOSE MODEMUFFEL
Kleidung muss bequem und praktisch sein, keine Beziehung zu modischer Kleidung

SICHERHEIT | KOMFORT — 16 %

DER ORIENTIERUNGSLOSE
Legt Wert darauf passend gekleidet zu sein, Orientierung am „Massengeschmack" mangels stilistischer Kompetenz

ZUGEHÖRIGKEIT — 9 %

Quelle: Strategisches und Operatives Marketing, Prof. Dr. Waldemar Pelz, 2004, Seite 31 f.

1. Was war Ihr Grundmotiv bei Ihrer Karriereplanung und Berufswahl?

A Ich sehe mich als Anführer. Für mich ist es wichtig, meine Ideen auch umsetzen zu können. Dafür leiste ich gerne Überdurchschnittliches.

B Ich übernehme in einer Organisation gerne Verantwortung und dirigiere Prozesse. Für mich sind klare Strukturen wichtig.

C Ich schätze den Wert etablierter und herkömmlicher Arbeitsweisen. Es ist für mich wichtig, im Rahmen meiner Fachkompetenz zu agieren.

D Ich möchte meinen Lebensstil verwirklichen und strebe eine Balance zwischen Beruf und Familie an.

E Ich möchte mein kreatives Potenzial ausleben. Ich arbeite gerne im Team. Und ich bin daran interessiert, stets Neues (kennen) zu lernen.

F Ein hoher Grad an Selbständigkeit und Abwechslung sind für mich entscheidend. Routine mag ich nicht.

G Ich suche außergewöhnliche Herausforderungen, um mich neu zu beweisen. Was noch keiner vorher gemacht hat, reizt mich besonders.

2. Was passiert in Ihrem Traumurlaub?

A Ich bin gerne dort, wo auch andere erfolgreiche Menschen sind. Unterkünfte müssen schon 4 Sterne haben, sonst ist es kein Urlaub.

B Ich plane meine Reise ganz genau im Voraus und vergleiche auch Preise. So kann ich sichergehen alles Wichtige gesehen zu haben.

C Ich habe einige Orte lieb gewonnen, zu denen ich immer wieder gerne zurückkehre. Dort freue ich mich auf gutes Essen in meinen Stammlokalen.

D Am liebsten reise ich mit der Familie. Wir planen meist im Voraus und sind gut über den Urlaubsort informiert.

E Urlaub soll man genießen! Am liebsten lasse ich in Gemeinschaft die Seele baumeln und entdecke Neues.

F Urlaub mache ich an besonderen Orten! Gerne Rundreisen mit viel Inspiration und Kunst. Bei der Unterkunft wähle ich das Ungewöhnliche.

G Ich reise gern an unbekannte Orte – auch mal Outdoor. Fernab der Massen überlege ich spontan, welche Abenteuer und Herausforderungen mich als Nächstes reizen.

3. Wie sind Sie als Business-Partner?

A Ich gebe Teams gerne die Linie vor und führe in der Partnerschaft. Durchsetzungsvermögen ist für mich ein Wert.

B Ich besitze Struktur, Ordnungssinn und bringe Effizienz. Auf mich und meine Zahlen ist immer Verlass!

C Ich bin sehr loyal und nehme meine Aufgaben ernst.

D Ich gleiche gerne aus und bringe durch meine Ruhe viel Sicherheit ein.

E Wo es menschelt, bin ich zu finden. Soziale Kompetenz und Toleranz zeichnen mich aus.

F Ich bringe Neues ein und habe immer wieder kreative Ideen.

G Wenn es darum geht Neuland zu erobern, bin ich in der ersten Reihe.

Den Test und die Auflösungen gibt es auf www.wertekommunikation.info

KARRIEREANKER

WERTEVORSTELLUNGEN FORMEN DEN KARRIERETYPUS

Edgar H. Schein prägte den Begriff „Karriereanker". [110] Er versuchte die Karrierebedingungen des 21. Jahrhunderts zu definieren. [111] Laut dem Organisationspsychologen „*entwickelt jeder Mensch im Verlauf seiner beruflichen Laufbahn eine mehr oder wenig klar umrissene Vorstellung seiner eigenen Persönlichkeit*", also einen sogenannten Karrieretypen. [112] Seine Einteilung lässt sich gut als Typologie im Werteraum verorten. Unter *www.karriereanker24.de* kann man sich auf seinen Karrieretypus testen lassen. Auch diese Typologie lässt sich hervorragend im Wertetarget verorten. Sie kann helfen die eigenen Mitarbeiter besser zu verstehen und entsprechend ihre Wertvorstellungen zu fördern. Nicht jeder fühlt sich in der Rolle einer Führungskraft wohl. Manch einer bevorzugt eine Fachkarriere.

[110] » Dieter Johannsen und Dr. Evelin Fräntzel, Karriereanker24: „Der Karriereanker nach Edgar H. Schein", 2014: http://www.karriereanker24.de/karriereanker-nach-edgar-h-schein-ueberblick.html, 09.10.2014

[111] » vgl. ebd.

[112] » ebd.

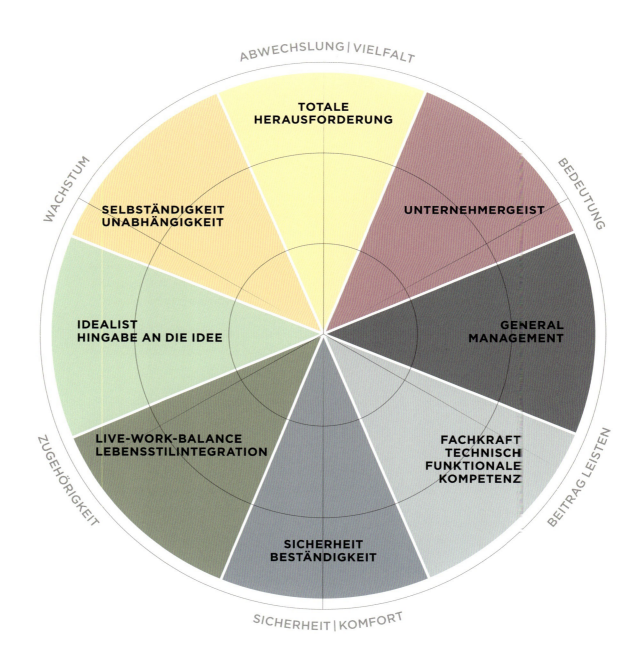

05 *Wertekommunikation in Unternehmen* | **Zielgruppen und Typen**

FAZIT

Zielgruppen, Mitarbeiter oder auch Firmenchefs lassen sich typisieren und im Wertetarget der Wertekommunikation veranschaulichen. Die Kenntnis der Werte der Zielgruppe hilft die Marke und die Produkte sowie die Kommunikationsmaßnahmen entsprechend zu entwickeln. Das Wissen um die Typen der Mitarbeiter ermöglicht diese zu verstehen und besser zu führen. Ein Marktsegmentierung in Zielgruppen kann strategisch sinnvoll sein. Die Wertekommunikation bietet dafür die entsprechenden Tools.

MARKEN

„Neuronale" Markendifferenzierung in der Limbic®Map

» Marken gewinnen an Differenzierungskraft, indem sie sich über emotionale Werte positionieren. Basis für die Marken sind gute Produkte und eine gute Markenleistung auf denen das Markenimage aufbaut. Starke Marken haben meist eine eindeutige Positionierung im Werteraum. Zu diesen Marken fallen uns oft sofort eindeutige Werte ein.

Die kommunikative Kernzielgruppe ist mit der Markenpositionierung eng verknüpft. [113] Ein Unternehmen sollte alle Handlungen bzw. Maßnahmen auf eine gewählte Zielgruppe ausrichten, um so bei dieser die höchstmögliche Resonanz zu erzielen. [114] Und das gilt auch für die Markenpositionierung. Um die Zielgruppe erfolgreich anzusprechen, müssen Unternehmen ein emotionales Gespür für ihre Kernzielgruppe entwickeln und die Welt aus der Sicht dieser denken und fühlen. [115] Die Kundenorientierung ist im klassischen Managementprozess zu kurz gegriffen, da diese von „bewusst geäußerte Kundenwünschen" ausgeht. [116] Jedoch laufen (Kauf-)Entscheidungen beim Kunden überwiegend unbewusst ab. [117] Die Markenpositionierung sollte genauestens an die kommunikative Kernzielgruppe angepasst sein.
Mithilfe der Wertesysteme kann eine solche Positionierung erfolgen. Die Marken können anhand ihres emotionalen Markenkerns positioniert werden. «

113 » *vgl. Häusel 2012, 215*
114 » *vgl. ebd.*
115 » *vgl. ebd., 215 f.*
116 » *vgl. Häusel 2012, 216*
117 » *vgl. ebd.*

BEISPIEL AUTOMARKEN
Die Limbic® Map von Dr. Häusel hat sich als sehr gutes Werkzeug zur Markenpositionierung und zur Veranschaulichung von Differenzierung innerhalb einer Branche erwiesen. Paradebeispiel ist die Verortung von Automarken in dem Werteraum. Der Grundnutzen eines Autos ist die Autonomie. Doch bei Automarken wird stark mit emotionalen Werten gespielt und so Differenzierung geschaffen. Es ist zu erkennen, dass Lamborghini eher bei Abenteuer und Thrill zu verorten ist. Die Markenwerte von Toyota bewegen sich mehr im Raum von Disziplin und Kontrolle, wohingegen Volkswagen mit dem Claim „Das Auto" im Balance-Bereich, dem Bereich der großen Mehrheit, wieder zu finden ist. Mercedes hat gezeigt, wie wichtig die richtige emotionale Einschätzung einer Marke durch die Kunden ist. Vor Jahren war Mercedes mehr und mehr in die traditionellen Wertebereich abgerutscht. War es früher noch wichtig, wenn man was erreicht hatte, dass durch den Kauf eines Mercedes zu dokumentieren, verlor dieser Statuswert immer mehr an Bedeutung für die Marke. Die Einführung der neuen A-Klasse und das Engagement in der Formel 1 zeigen den strategischen Wertewandel am deutlichsten. Man ist wieder wild, dynamisch und die Wahrnehmung des emotionalen Markenkerns hat sich wieder mehr zu performance orientierten Werten verschoben. Dorthin, wo die Marke wahrgenommen werden möchte.

„NEURONALE" MARKENDIFFERENZIERUNG IN DER LIMBIC®MAP

05 Wertekommunikation in Unternehmen | **Marken**

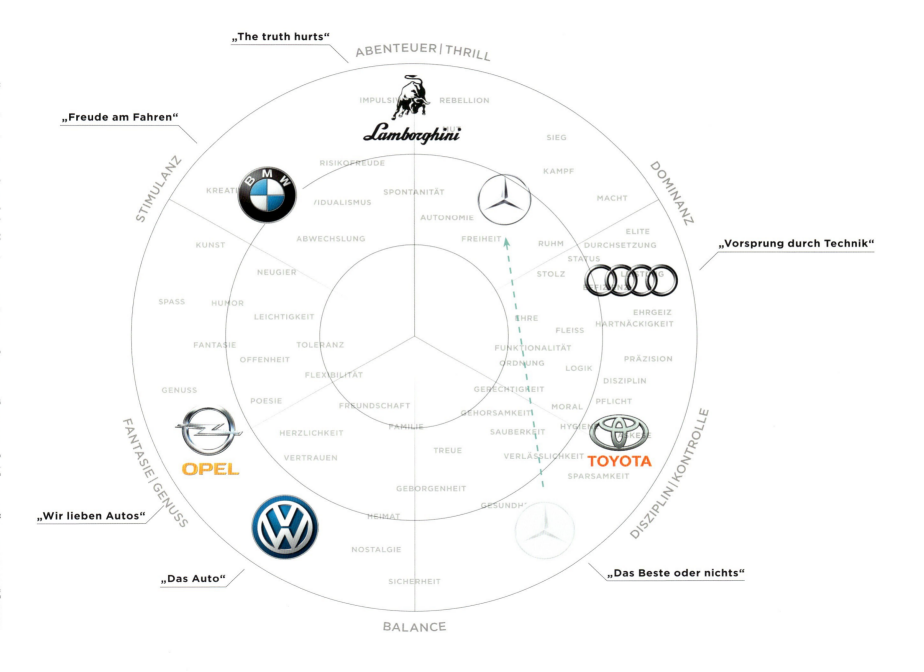

POSITIONIERUNG VON FUSSBALLVEREINEN

STARKE MARKEN SIND SPITZ

Die erfolgreichste deutsche Marke unter den Fußballvereinen ist zweifelsohne der FC Bayern. Der Claim „Mia san mia" könnte ihre Position im Bereich der Dominanz nicht besser beschreiben. Kaum ein Spiel, in dem nicht von der Dominanz des FCB berichtet wird. Dortmund hat sich mit seinem Claim „Echte Liebe" direkt gegenüber positioniert. Auch der FC Sankt Pauli konnte sich eine eindeutige Position als rebellischer Underdog sichern. Bei vielen anderen Vereinen ist das Image weniger zugespitzt und damit der Markenwert niedriger.

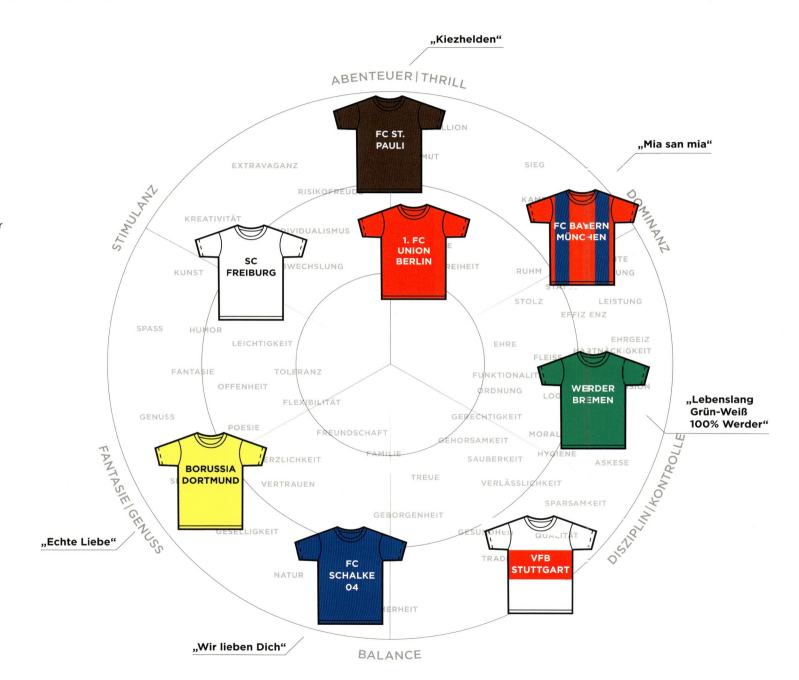

Abbildung „Zuspitzung lohnt sich", eigene Darstellung, in Anlehnung an: Häusel, © Dr. Häusel, Gruppe Nymphenburg Consult AG, 2012, S. 33

BANKEN POSITIONIERUNGSBEISPIELE

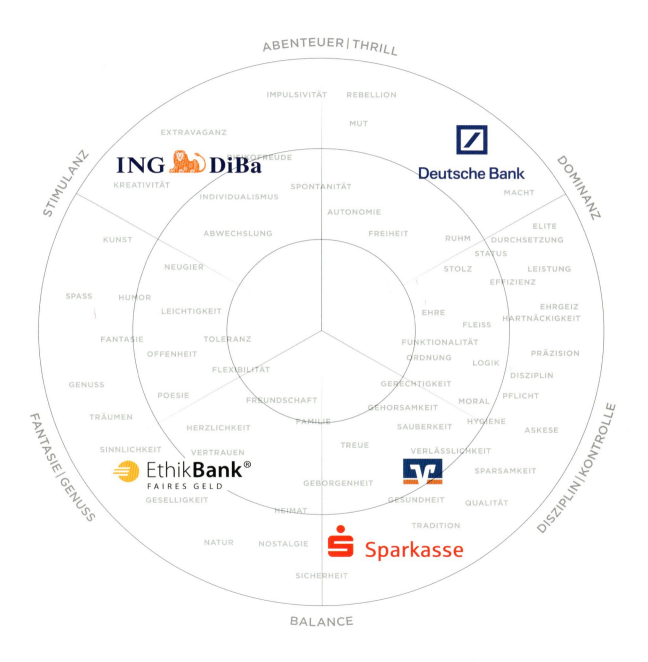

POSITIONIERUNG FUNKTIONIERT IN JEDER BRANCHE

Bei allen Banken geht es im funktionalen Kern um Sicherheit. Aber auch Banken positionieren sich sehr differenziert. Bei der Deutschen Bank steht die Rendite im Vordergrund. Ein Image, was ihr früher sehr genutzt hat, aber durch den Wertewandel hin zu mehr kooperativen Werte heute eher schadet. Eine Bank hat sich direkt gegenüber positioniert – die Ethik Bank. Bei ihr stehen Nachhaltigkeit und Transparenz im Fokus. Bei der DiBa, eine der ersten Banken die stark auf Online-Kompetenz gesetzt hat, stand der innovative Charakter im Vordergrund. Sparkasse und Volksbanken werden eher mit traditionellen, sicherheitsbetonten Werten und weniger mit Innovation verbunden.

POSITIONIERUNG VON ZIGARETTENMARKEN

GEFAHR DES POSITIONIERUNGSWECHSELS

Bei Zigarettenmarken ist es ähnlich wie bei anderen austauschbaren Produkten sehr wichtig sich eine eindeutige zugespitzte Position im Markt zu sichern. Die „Indianermarken", wie American Spirit, haben geschickt eine Position gegenüber dem Cowboy eingenommen. Ihre Zigaretten werben damit „gesünder" zu sein, da sie ohne Zusatzstoffe auskommen. Hier wird pur geraucht. Deutlich wird auch die Gefahr, wenn man eine Position verlässt, wie es Camel getan hat. Ging man noch vor Jahren als Abenteurer meilenweit für diese Marke, so ist das Image heute unklar. Gleiches könnte Marlboro blühen, da sie den Cowboy gegen „Maybe" eingetauscht haben.

Abbildung „Positionierung von Zigarettenmarken", eigene Darstellung, in Anlehnung an: Häusel, © Dr. Häusel, Gruppe Nymphenburg Consult AG, 2012, S. 33

POSITIONIERUNG VON MODEMARKEN

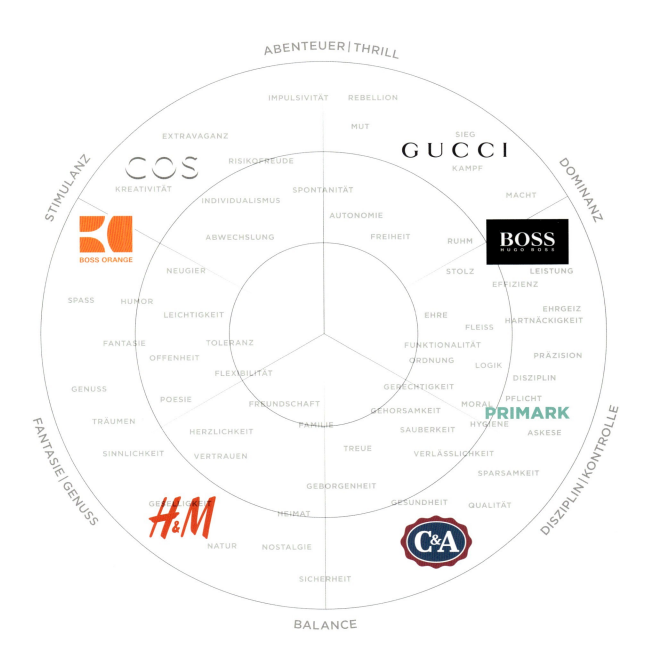

ZWEITMARKENSTRATEGIE

Eindeutige Positionierung ist dann ein Problem, wenn man sein Zielgruppensegment erweitern will. So war Boss als dominante Männermarke hervorragend positioniert, hatte aber Probleme sich die neue Zielgruppe der Frauen zu erschließen. In ihrem Fall wurde das Logo abgewandelt, der Name aber behalten. Man hoffte auf einen Imagetransfer. Dazu wurden noch die Submarke Boss Orange, die sportliche Marke Boss Green und die Marke HUGO gegründet. Durch die Nähe der Submarken zur Kernmarke wurde die Kernmarke aber etwas verwässert.

H&M war als Preisbrecher bekannt, zumindest bis Primark kam. Um sich ein Zielgruppensegment mit höheren Ansprüchen zu sichern, gründete das Unternehmen die Zweitmarke COS. Hier wollte man sich bewusst vom Image von H&M differenzieren.

Abbildung „Positionierung von Modemarken", eigene Darstellung, in Anlehnung an: Häusel, © Dr. Häusel, Gruppe Nymphenburg Consult AG, 2012, S. 124

98 FARBEN UND WERTE

FARBEN ENTSPRECHEN WERTEBEREICHEN

Auch Farben können Werte zugeordnet werden. Nicht immer trifft das bei Unternehmen zu, aber die Tendenzen sind offensichtlich. Rot als Farbe von Kampf, Blau als Farbe von Seriosität und Technik, Grün und Braun als Farben von Natur und Geborgenheit. Stimulierende Farbtöne sind Orange, Gelb und das extravagante Violett.

Abbildung „Farben und Werte", eigene Darstellung, in Anlehnung an: Häusel, © Dr. Häusel, Gruppe Nymphenburg Consult AG, 2012, S. 86

MARKEN UND IHRE FARBEN

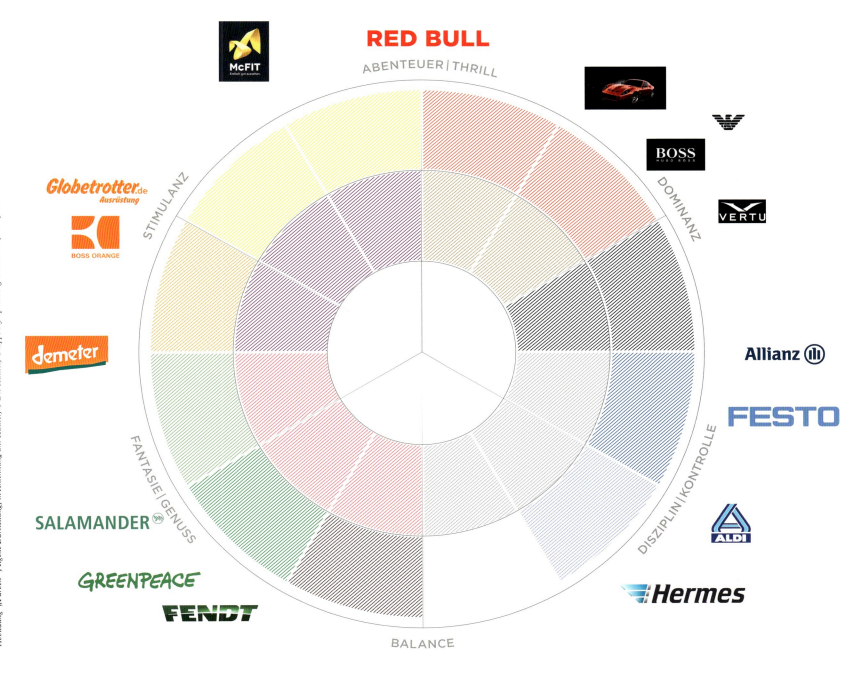

100 WERTKOMMUNIKATION IST EIN ERFOLGSFAKTOR

PREIS IST NICHT ALLES

Schlecker wollte das Aldi-Prinzip für den Drogeriemarkt kopieren, während DM auf einen ausgezeichneten Service und gute Unternehmenskultur setzt. Die Werte von DM haben sich durchgesetzt. Den Trend Nachhaltigkeit zu honorieren zeigte sich auch im Bereich der Supermärkte. Die Metrotochter Real ist in den letzten Jahren geschrumpft. Marken wie die Biomarktkette Alnatura wachsen dagegen stark.

+ „Hier bin ich Mensch, hier kauf ich ein"

vs.

− „For you, vor Ort"

+ „Sinnvoll für Mensch und Erde"

vs.

− „Einmal hin, alles drin!"

Abbildung „Wertekommunikation ist ein Erfolgsfaktor", eigene Darstellung, in Anlehnung an: Häusel, © Dr. Häusel, Gruppe Nymphenburg Consult AG, 2012, S. 124

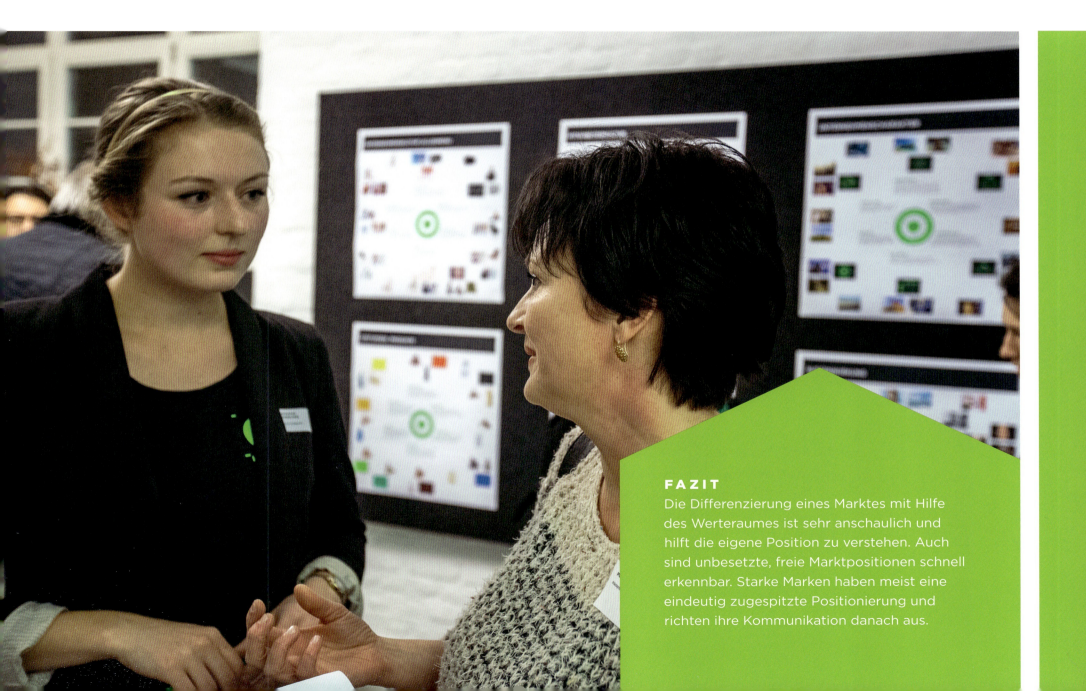

FAZIT
Die Differenzierung eines Marktes mit Hilfe des Werteraumes ist sehr anschaulich und hilft die eigene Position zu verstehen. Auch sind unbesetzte, freie Marktpositionen schnell erkennbar. Starke Marken haben meist eine eindeutig zugespitzte Positionierung und richten ihre Kommunikation danach aus.

PRODUKTE
Produkte werthaltig machen.

» In dem Werteraum können auch Produkte oder Produktgruppen verortet werden. Die Positionierung in das Wertetarget erfolgt auch hier wieder über das WARUM.

Warum wird dieses Produkt von der Zielgruppe gekauft? Welches Erlebnis oder welcher Nutzen wird mit dieser Produktgruppe verbunden?
Wenn diese Fragen beantwortet werden können, lassen sich Produkte über ihren „emotionalen Grundnutzen" oder durch ihre emotionale Aufladung positionieren. [118] Um Produkte zielgruppengenau zu entwickeln, sollten sich Unternehmer schon frühzeitig mit der Bestimmung von Produktwerten beschäftigen. Wichtig ist, dass das Produktportfolio mit den Werten der Marke und der Zielgruppe übereinstimmt. «

Wichtig ist, dass das Produktportfolio mit den Werten der Marke und der Zielgruppe übereinstimmt.

[118] » vgl. Häusel 2012, 58

PRODUKTWELTEN

05 Wertekommunikation in Unternehmen | **Produkte**

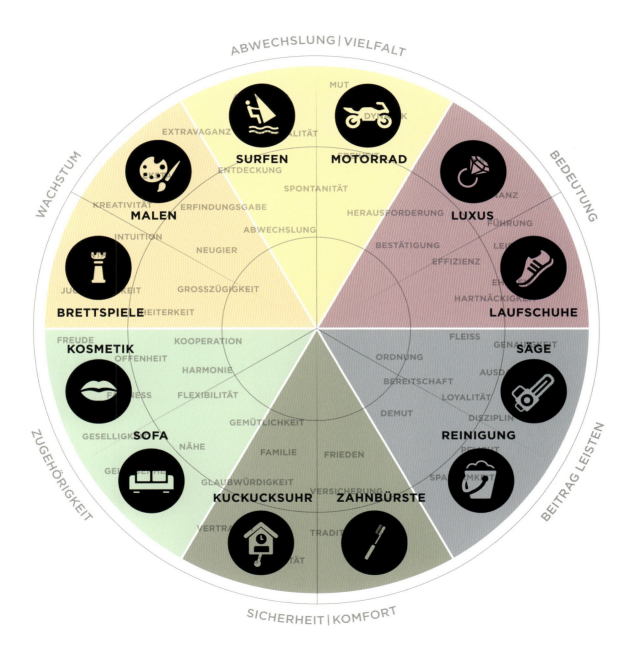

PRODUKTTYPEN UND KÄUFERTYPEN

Der Kauf einer neuen Ausrüstung für einen Abenteuerurlaub ist ein anderes Erlebnis als der Vergleich von Preisen von Waschmitteln. Der eine läuft mit strahlenden Augen durch einen Elektromarkt, während der nächste sich an den Düften in einer Parfümerie berauscht. Auch Produkte besetzen Werte und Bedürfnisbereiche. Bei vielen Produkten fällt die Zuordnung zu einem Bedürfnisbereich sehr leicht. Je nach Typ fühlen wir uns zu bestimmten Produkten mehr hingezogen als zu anderen.

104 | PRODUKTMARKEN DER MARKE VOLKSWAGEN

PRODUKTE FÜR JEDEN TYP

Produkte eines Konzerns sind oft eingebettet in eine Markenarchitektur. Innerhalb einer Marke werden die Wertepositionen für die unterschiedlichen Käufertypen alle besetzt. Bei VW wird auch deutlich, dass wenn ein Produkt zu weit weg von dem emotionalen Markenkern positioniert wird, es sich schwerer verkaufen lässt. Der emotionale Kern der Marke VW ist der qualitativ hochwertige, bürgerliche Durchschnitt, eben „Das Auto". Ein Phaeton tut sich als Premiumprodukt sehr schwer unter diesem Dach. Nicht umsonst hat der VW-Konzern mehrere Automarken, die alle einen anderen Markenkern entwickelt haben. Der kommunikative Aufwand den Autohersteller zum Sichern ihrer Positionierung betreiben ist enorm.

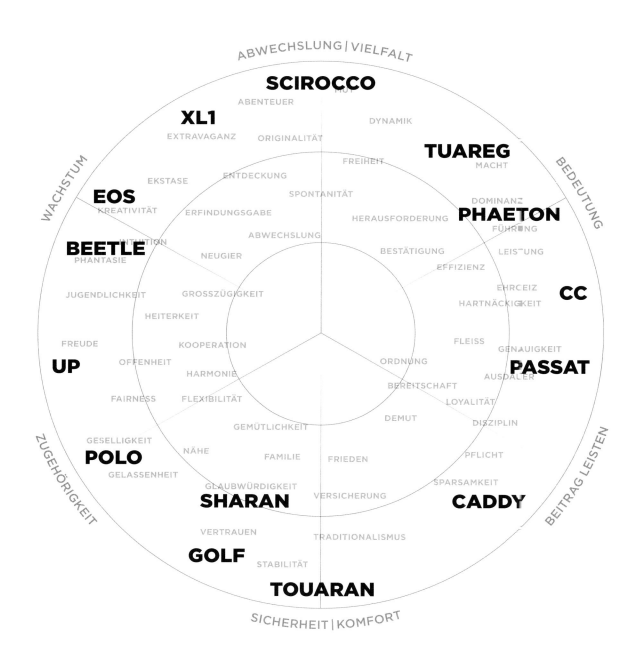

DIE MARKEN DES VW-KONZERNS

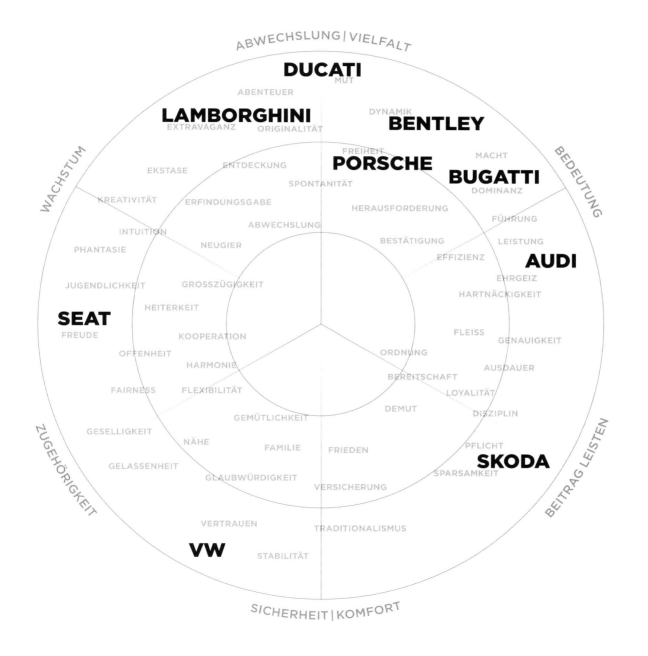

ABGESTIMMTE MARKENVIELFALT EINES KONZERNS

Mit seinen Automarken besetzt der VW-Konzern große Teile des Werteraumes und hat so für jede erdenkliche Zielgruppe etwas zu bieten. Man achtet darauf, dass die Marken sich möglichst voneinander abgrenzen und nicht kannibalisieren. Größte Leistung ist sicher die Entwicklung der Marke Audi, die in den 70er keine eigene Identität hatte, zu einer Premiummarke. Auch wird deutlich, warum der A8 eine größeren Anklang am Markt findet als der Phaeton. Die Marke Audi ist viel stärker mit den Werten der Performer aufgeladen als es VW ist. Skoda ist als günstige Alternative positioniert und SEAT beansprucht mit dem Claim „Enjoyneering" eine aufregende, jugendliche Marke zu sein.

05 *Wertekommunikation in Unternehmen* | **Marken** 107

FAZIT
Produkte lassen sich gezielt über Wertekommunikation strategisch positionieren. Das Wertetarget ist eine gute Veranschaulichung möglicher Positionierungen, in die sich das eigene Produktportfolio eingliedern lässt. Die Klärung der Werte hilft Produkte zielgruppengerecht zu entwickeln und das eigene Sortiment strategisch auszubauen.

DIENSTLEISTUNGEN

Wertsteigernde Kommunikaton entwickeln.

» Nicht nur Zielgruppen, Produkte und Marken lassen sich in der Wertewolke verorten. Auch unterschiedliche Dienstleistungsfelder und Branchen haben Wertefelder, die veranschaulicht werden können.

Bei Dienstleistungen handelt es sich um immaterielle Güter, was zur Folge hat, dass der Kunde vor dem tatsächlichen Kauf nur schwer eine Beurteilung fällen kann. [119] Deswegen ist es besonders wichtig sich als Dienstleister eine zugespitzte Positionierung zu schaffen. Durch die Positionierung über Werte, kann der Kunde ein bestimmtes Image mit der Dienstleistung verbinden.

Mitarbeiter spielen für Dienstleister eine wesentliche Rolle, denn der Mitarbeiter wird oft stellvertretend für das Unternehmen beurteilt. Aufgrund dessen ist es auch für die Mitarbeiter und das interne Marketing von Dienstleistern entscheidend, Werte zu definieren. So können sich die Angestellten nach diesen richten und das Unternehmen erfolgreich repräsentieren. «

---

[119] » Jost W. Kramer, Renate Somrau: „Dienstleistungsmarketing, Kommunikationspolitik und Tourismus", 1. Auflage, © EHV Academicpress GmbH, Bremen 2014 , 35

FUNKTIONALER KERN EINER DIENSTLEISTUNGSBRANCHE

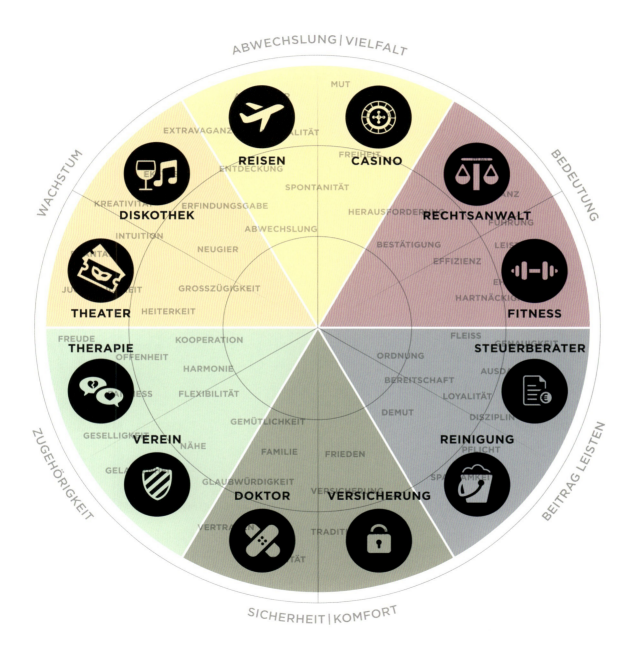

WERTEUMFELD VON DIENSTLEISTUNGEN

Der funktionale Kern einer Dienstleistung ist für alle Mitbewerber der gleiche. Ein Reinigungsunternehmen wird immer mit den Werten Sauberkeit, Ordnung und Pflichterfüllung verbunden sein und bei einem Reiseunternehmen geht es im Kern meist um Abwechslung, Entdeckung und Abenteuer. Aber die Differenzierung, die emotionale Aufladung, kann sich sehr unterscheiden. Eine Reise in ein Kurhotel spricht andere Menschen an als der Trekking-Trip durch den Himalaya.

Wer sich nicht bewusst differenziert, ist wie alle anderen. Das Potenzial zur Differenzierung liegt in den Antworten zu dem WIE und dem WARUM. Liegen die erst mal fest, kann die Marke gezielt aufgeladen und die Kommunikation zugespitzt werden.

FUNKTIONALER KERN UND EMOTIONALER KERN

DIE WERTE MACHEN DEN UNTERSCHIED

Jede Dienstleistung hat ihren funktionalen Schwerpunkt gemäß ihrer Branche und Tätigkeit. Und jede Branche hat ihren Werteraum. Bestimmte Werte gehören zu bestimmten Berufen. Aber bei dem emotionalen Kern gibt es viele Möglichkeiten sich zu positionieren und sich dadurch von anderen zu unterscheiden. Die bekanntesten Unternehmen einer Branche sind meist die, die sich sehr zugespitzt positioniert haben. Auch für Branchen-Newcomer ist es wichtig sich auf ein möglichst wenig besetztes Wertefeld zu konzentrieren und ihre Dienstleistungen auf eine fokussierte Art zu vermarkten.
In Familienunternehmen entspricht die Außendarstellung meist dem Selbstbild des Chefs. Bei der Übergabe zur nächsten Generation kommt es dann zu den klassischen Wertekonflikten. Für eine strategische Wertekommunikation ist es wichtig sich von geschmäcklerischen Vorlieben zu lösen.

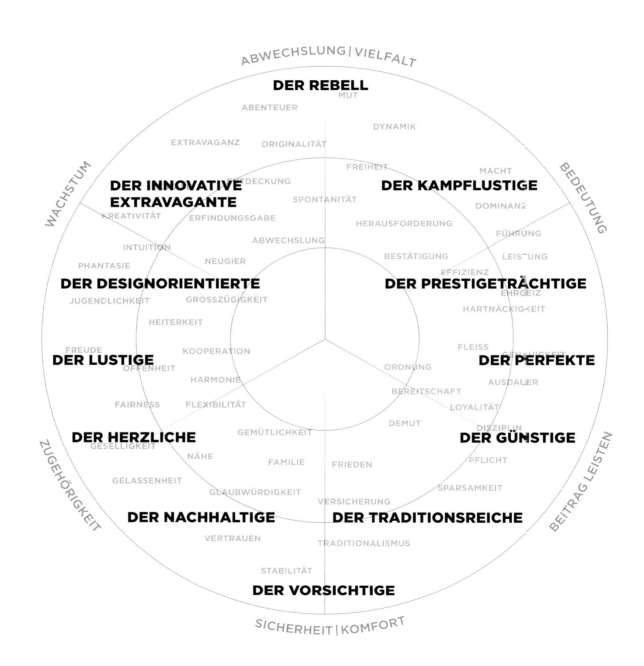

05 *Wertekommunikation in Unternehmen* | **Dienstleistungen**

FAZIT
Die Positionierung einer Branche oder Dienstleistung bildet den funktionalen Kern. Ein Doktor wird immer für die Werte Gesundheit und Sicherheit aus dem Balance-Bereich stehen. Aber sein Image kann unterschiedlich aufgeladen sein. Er kann der innovativste, der berühmteste, der emphatischste oder der lustigste Doktor sein. Das ist dann sein emotionaler Markenkern.

B2B-KOMMUNIKATION

Die Wertschöpfung erhöhen.

DIE B2B-WELT

» Typische B2B-Unternehmen wie Technologiekonzerne, Zulieferer, Logistiker, definieren sich stark über ihre fachlichen Leistungen. Sie begreifen sich weniger als Unternehmensmarken oder Unternehmenspersönlichkeiten. Um im harten Wettbewerb an emotionaler Differenzierungskraft zu gewinnen, ist eine Positionierung über aussagefähige Werte so empfehlenswert wie Erfolg versprechend. Stark verbreitete „Hygienewerte" wie Qualität, Innovation oder Flexibilität haben heute an Strahlkraft verloren. Ihre Absender gehen in der Masse unter.

Heute ist klar, dass die Marke auch bei Industriegüterunternehmen zum wirtschaftlichen Erfolg beiträgt. [120] Denn auch Entscheider sind Menschen mit Werten und Emotionen. [121]
Bei B2B-Unternehmen stellt sich also die Frage, auf welche Werte die Zielgruppe reagiert. Denn die Zielgruppen im B2B-Bereich sind, im Vergleich zum B2C-Bereich, deutlich komplexer. [122]

[120] » vgl. Annett Wolf, Cindy Brusendorf: „Die Bedeutung von B2B-Marken im Kaufentscheidungsprozess industrieller Käufer", Marketing Review St. Gallen, Ausgabe 4 / 2013, Schweiz 2013

[121] » diffferent GmbH: b2b-Branding. Die 3 großen Irrtümer der Markenführung im b2b-Bereich, w 2014: http://www.markenlexikon.com/texte/diffferent-perspective_b2b-Branding.pdf, 24.04.2014

[122] » vgl. Carsten Baumgarth (Hrsg:) „B-to-B-Markenführung, Grundlagen – Erkenntnisse – Anwendungen", 1. Auflage, © Gabler GWV Fachverlage GmbH, Wiesbaden 2010, 41

Der B2C- und B2B-Bereich unterscheiden sich in ihrer Zielgruppe. [123] Bei B2C-Unternehmen ist die Zielgruppe der Konsument bzw. der „Letztverwender", wohingegen bei B2B-Unternehmen die Zielgruppe andere Unternehmen, Organisationen und „professionelle Nachfrager" sind. [124]

Der B2B-Bereich ist in der Regel für seine Unternehmensgrößen und Umsatzzahlen bekannt, nicht aber für seine Markenführung und Kampagnen. [125] Im B2C-Bereich dagegen werden die Markenkonzepte von beispielsweise Nike und Coca-Cola immer wieder als Vorzeigebeispiel genutzt. [126] Oftmals sind B2B-Unternehmen davon überzeugt, dass ihre Produkte für sich selbst sprechen und sie keine strategische Markenführung benötigen. [127] Zahlen und Fakten dominierten lange Zeit in der Welt von Betonpumpenanbietern, Logistikunternehmen, Zugbeleuchtungsherstellern und Co. Doch heutzutage ist eine Abwendung zu erkennen, vom „homo oeconomicus" hin zum Gedanken, dass auch bei industriellen Entscheidungen Emotionen und Werte eine Rolle spielen. [128]

Businesses with a strong brand positioning are benefiting from clarity of focus that provides them with more effectiveness, efficiency and competitive advantages across operations. [129]

Die „zentrale Voraussetzung" und das „Herzstück" einer starken B2B-Marke ist ihre Positionierung. [130] B2B Unternehmen, die für sich eine klare Positionierung definieren, sind effektiver und effizienter. [131] Darüber hinaus verfügen sie über Vorteile gegenüber ihren Wettbewerbern. [132]

Eine Positionierungsmöglichkeit für B2B-Unternehmen ist es, sich über Werte und ein wertebewusstes Verhalten von den Konkurrenten abzuheben. [133] Denn *„B2B-Marken sind dann erfolgreich, wenn sie den wahrgenommenen Wert für den Kunden erhöhen".* [134]

Als Wertegenerierung sind alle Tätigkeiten gemeint, die das Unternehmen ergreift, um dem Kunden einen Wert zu liefern. [135] Das Ziel des Aufbaus und der Pflege von Werten im Zusammenhang zur Positionierung ist, dass der Kunde zu jeder Zeit einen Grund hat das Unternehmen bzw. seine Leistung der Konkurrenz vorzuziehen. [136] Die Leistung eines Unternehmens wird vom Kunden als ein „Bündel von Eigenschaften" wahrgenommen, wobei jede Eigenschaft mit einem Nutzen einhergeht. [137] Um die „Eigenschaftsbündel" in bestimmten Bereichen zu stärken, werden von Unternehmen Markenpositionierungen geschaffen. [138] Hierbei müssen an erster Stelle relevante Werte identifiziert werden, um so eine Markenpositionierung zu entwickeln, die dem Kunden aber auch dem Unternehmen selbst einen Nutzenvorteil liefert. [139] «

---

123 » *vgl. Baumgarth 2010, 41*
124 » *vgl. ebd.*
125 » *vgl. Masciadri/ Zupancic 2013, 2*
126 » *vgl. ebd.*
127 » *vgl. diffferent GmbH, Markenlexikon 2014*
128 » *vgl. Bausback 2007, 2*
129 » *Kotler/ Pfoertsch 2006, 7*
130 » *Nadine Bausback: „Positionierung von Business-to-Business-Marken, Konzeption und empirische Analyse zur Rolle von Rationalität und Emotionalität", 1. Auflage, © Deutscher Universitäts-Verlag GWV Fachverlag GmbH, Wiesbaden 2007, 82 f.*
131 » *vgl. Kotler/ Pfoertsch 2006, 7*
132 » *vgl. ebd.*
133 » *vgl. Hattendorf, Wertekommission 2013*
134 » *vgl. Baumgarth 2010, 54*
135 » *vgl. Baumgarth 2010, 184*
136 » *vgl. ebd., 183*
137 » *vgl. ebd., 184*
138 » *vgl. ebd.*
139 » *vgl. ebd., 184 f.*

Auch im B2B treffen Menschen die Entscheidungen und sie wählen immer auch emotional.

DIE B2B-TONALITÄT

» Auch in der Business-to-Business Kommuniktion reagieren die Menschen auf Werte und Emotionen. Auch hier haben die sechs Bedürfnisbereiche ihre Bedeutung. Nur ist die Tonalität im B2B eine andere und andere Wertebegriffe werden gebraucht, um die Positionierung zu beschreiben.

Hierfür haben wir die Begriffe im Wertetarget und seinen 6 Bereichen an die B2B-Tonalität angepasst. Hat man das Prinzip der Differenzierung im Wertetarget einmal verstanden, sind die genauen Worte nicht das Entscheidende. Die farbigen Viertelkreise verdeutlichen die vier grundsätzliche Werteausrichtungen.

Die äußeren Begriffe sind von Dr. Häusel und seiner Positioniernug der B2B-Ausrichtung in der Limbic® Map übernommen. «

DER WERTERAUM IM B2B

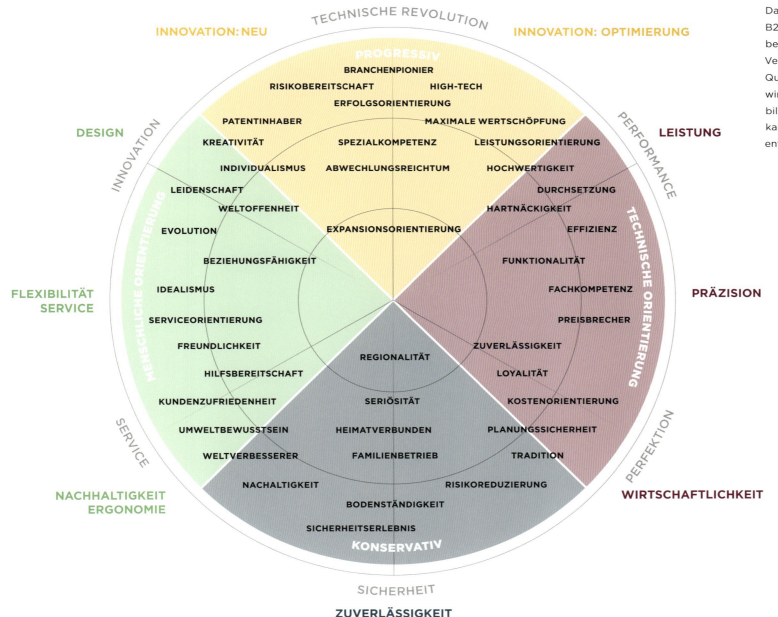

Abbildung „Der Werteraum im B2B", eigene Darstellung, in Anlehnung an: Häusel, © Dr. Häusel, Gruppe Nymphenburg Consult AG, 2012, S. 196

MARKENBILDUNG IM B2B

Das externe Marketing wird von vielen B2B-Firmen noch nicht strategisch betrieben. Man ist noch sehr auf den Vertrieb fixiert. Mit zunehmender Qualität der B2B-Produkte aus Fernost wird die Notwendigkeit der Markenbildung immer wichtiger. Denn als Marke kann man dem reinen Preiskampf etwas entgegen setzen.

ROLLEN IN B2B-UNTERNEHMEN UND IHRE WERTEBILDER

» In B2B-Unternehmen sind in der Regel mehrere Abteilungen an Kaufentscheidungen beteiligt. [140] Alle betroffenen Entscheider sind Teil eines sogenannten Einkaufsgremiums oder Buying-Centers. [141]
In den meisten Fällen besteht das Buying-Center aus dem Geschäftsführer, dem Marketing-, Forschungs-, Technik-, Controlling- bzw. Einkaufs-, Produktions- und Personalleiter. [142]
Innerhalb eines Buying-Center gibt es oft Rollen- und Wertekonflikte zwischen den am Beschaffungsprozess beteiligten Personen. Denn jedes Mitglied bzw. jede Abteilung ist einem anderen Wertesystem zuzuordnen.

Die Geschäftsführung bspw. übernimmt die Rolle des Entscheidungsträgers oder auch „Decider" genannt. [143] Die Geschäftsführung ist für das Geschäftsergebnis verantwortlich, achtet besonders auf Profitabilität im Unternehmen und besetzt das Wertesystem der Performer. Oft gibt diese Anweisungen darüber, dass im Unternehmen gespart werden muss.

Diese Anweisung geht dann zunächst an den Einkauf. Für den Einkäufer wiederum, auch „Buyer" genannt, hat nur der Preis Relevanz. [144] Das bedeutet, dass meist Anbieter oder Produkte gewählt werden, die zwar auf den ersten Blick günstig erscheinen, bei denen aber erhebliche Folgekosten entstehen können oder die qualitativ schlechter sind. Der Einkauf ist im Werteraum der Bewahrer wiederzufinden.

Die Produktion (der Benutzer oder auch „User") jedoch, die sich dann mit diesen Anbietern bzw. Produkten auseinander setzen muss, sieht diese Folgekosten oder die schlechtere Qualität. [145] Diese ist zwar ebenso im Raum der Bewahrer einzuordnen, hat aber eher die Leistung und Zuverlässigkeit im Blick.

Für jede Abteilung sind unterschiedliche Kriterien für die Wahl eines Anbieters entscheidend. [146] Die Herausforderung ist es, sich dieser unterschiedlichen Kriterien bewusst zu werden und alle Wertefelder zu berücksichtigen bevor eine Entscheidung getroffen werden kann. Jede Abteilung hat andere Wertvorstellungen und damit verbundenen Ziele. Hier ist oft viel politisches Geschick notwendig, um allen gerecht zu werden. «

---

[140] » vgl. Häusel 2012, 198

[141] » vgl. Prof. Dr. Manfred Kirchgeorg, Springer Gabler Verlag (Herausgeber): Gabler Wirtschaftslexikon, Stichwort: Buying Center: http://wirtschaftslexikon.gabler.de/Archiv/1821/buying-center-v8.html, 19.06.2014

[142] » Häusel 2012, 159

[143] » vgl. salesfocus - Institut für Verkaufserfolg : „Buying Center", 2014: http://www.salesfocus.at/buying-center/, 19.09.2014 und vgl. Gabi Böttcher, Redaktion Springer für Professionals: „Die Macht der Buying Center", 2014: http://www.springerprofessional.de/die-macht-der-buying-center/4964238.html, 19.09.2014

[144] » vgl. ebd.

[145] » vgl. ebd.

[146] » vgl. ebd., 198

ZIELGRUPPENTYPEN IM B2B

05 *Wertekommunikation in Unternehmen* | B2B-Kommunikation | 117

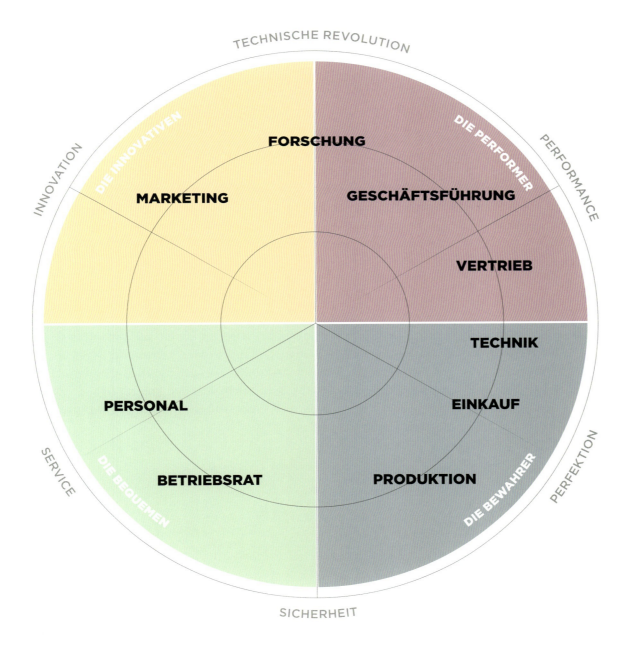

Abbildung „Zielgruppentypen im B2B", eigene Darstellung, in Anlehnung an: Häusel, © Dr. Häusel, Gruppe Nymphenburg Consult AG, 2012, S. 199 f.

ENTSCHEIDERTYPEN IM UNTERNEHMEN

Die klassischen Konflikte in Konzernen hängen oft mit den Wertehaltungen der unterschiedlichen Rollen zusammen. Bei Investitionsentscheidung prallen diese gerne mal aufeinander. Die Bewahrer sperren sich gegen Neuerungen und die Performer wollen schnelle Ergebnisse. Bei Verhandlungen ist es hilfreich, sich auf die Wertevorstellung der jeweiligen Abteilung einzustellen. Keine der Wertehaltung ist besser als eine andere, für die jeweilige Rolle sind sie genau die richtige. Wenn jedoch ein Kontroller aus dem Einkauf über Marketingmaßnahmen entscheidet, wird er das entsprechend seiner Wertehaltung tun, die wahrscheinlich weniger auf Innovation und Stimulanz ausgerichtet ist, was wiederum die sinnvollere Haltung für die Aufgabe des Marketing ist. Allein die Kenntnis dieser Infografik kann schon viele Konflikte entschärfen. Denn man muss nicht mehr um seine Platz kämpfen, sondern weiß um das Zusammenspiel der Rollen. In einem auf Controlling und Kostenreduzierung fixierten Unternehmen, nehmen oft Mitarbeiterzufriedenheit und Innovationskraft stark ab.

MÖGLICHE MARKTFÜHRERSCHAFTEN

Es gibt fünf mögliche Marktführerschaften, die laut Raab et. al. im B2B-Bereich eingenommen werden können. Nachfolgend werden diese kurz vorgestellt. [147]

DIE INNOVATIONSFÜHRER

Diese Unternehmen setzen alles auf die „Faszination des Neuen" und den „sichtbaren Fortschritt". [148] Ihre Produkte sind teuer, dafür bieten sie dem Kunden deutlich mehr Chancen und neue Möglichkeiten. [149] Ihre Stärke liegt in der Innovationsfähigkeit und ihrer Kreativität. [150] Die Schwächen der Innovationsführer sind ihr fehlendes Kostenbewusstsein und die hohe Risikobereitschaft. [151]

DIE KOSTENFÜHRER

Das Ziel der Kostenführer ist es, „lange Produktlebenszyklen mit hohen Stückzahlen" für ihre Produkte zu gewährleisten. [152] Sie verfügen über „schlanke Produktionsprozesse und Produktvielfalten" und setzen eine „aggressive Vermarktung" für diese Produkte um. [153] Sie investieren eher weniger in die Forschung und Entwicklung und führen ein „hartes Kostenmanagement". [154] Ihre wichtigsten Verkaufsargumente sind der Preis und die Qualität. Ihre Schwäche jedoch ist die „mangelnde Flexibilität im Hinblick auf Umwelt- und Marktveränderungen." [155]

DIE QUALITÄTSFÜHRER

Ihre Produkte zeichnen sich durch Klassikstatus, Solidität, Standfestigkeit, hohe Lebensdauer und ihre minimalen Wartungskosten aus. [156] Nur wenn der Marktdruck sehr hoch ist, dann werden die Produkte auffällig verändert, wobei laufend „unsichtbare Verbesserungen im Detail" durchgeführt werden. [157] Ihre Stärke ist die „hohe Rentabilität der Produkte" und ihre Schwäche ist die Gefahr Markttrends nicht zu befolgen. [158]

DIE SERVICEFÜHRER

Die Serviceführer, oder auch Flexibilitätsführer, sind besonders kundenorientiert und flexibel und passen ihre Leistungen und Produkte den Bedürfnissen ihrer Kunden an. [159] Ihre Stärken sind ihre gut geführten Kundenbeziehungen und ihre Schwächen liegen im Controlling, aufgrund der nicht sauber zu verrechnenden, vielfältigen Kundenwünsche. [160]

DIE UNIVERSALISTEN

Die Universalisten zeichnen sich dadurch aus, dass sie sich nicht sonderlich polarisierend positionieren. [161] Sie werben mit „günstigen Preisen, einer bestimmten Innovativität, guter Qualität, hoher Flexibilität" und sie besetzen den Massenmarkt. [162] Sie versuchen Erfolg durch Stückzahlen zu erreichen. [163] Ihre Schwächen sind die „Langweiligkeit" und die „geringe Wertschöpfung pro Verkaufseinheit", weswegen von dieser Positionierung abzuraten ist. [164]

---

147 » vgl. Gerhard Raab, Oliver Gernsheimer, Maik Schindler:„Neuromarketing, Grundlagen – Erkenntnisse – Anwendungen", 2. Auflage, © Gabler GWV Fachverlage GmbH, Wiesbaden 2009, 296

148 » vgl. Raab et al. 2009, 296

149 » vgl. ebd.

150 » vgl. ebd.

151 » vgl. ebd.

152 » vgl. Raab et al. 2009, 296

153 » vgl. ebd.

154 » vgl. ebd.

155 » vgl. ebd.

156 » vgl. Raab et al. 2009, 297

157 » vgl. ebd.

158 » vgl. ebd.

159 » vgl. Raab et al. 2009, 296

160 » vgl. ebd.

161 » vgl. Raab et al. 2009, 297

162 » vgl. ebd.

163 » vgl. ebd.

164 » vgl. ebd.

BEISPIELE B2B-MARKTFÜHRERSCHAFTEN

05 Wertekommunikation in Unternehmen | Mögliche Marktführerschaften

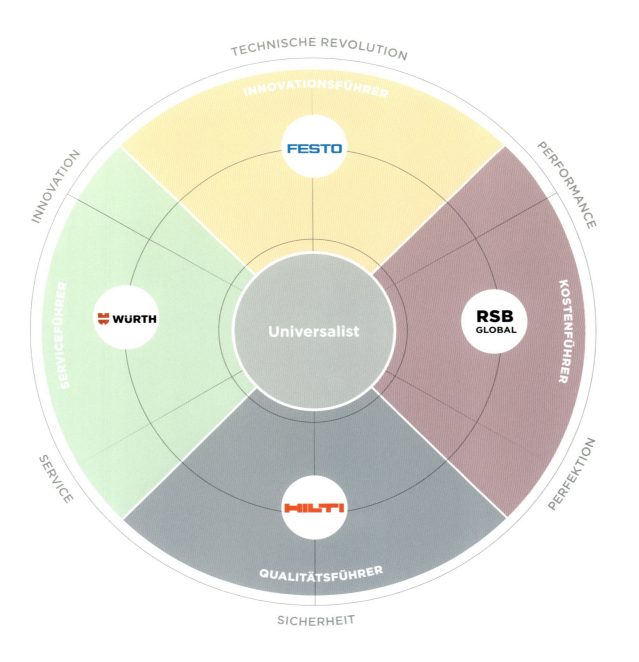

Abbildung „Beispiele B2B-Marktführerschaften", eigene Darstellung, in Anlehnung an: Häusel, © Dr. Häusel, Gruppe Nymphenburg Consult AG, 2012, S. 196

WÜRTH hat es geschafft mit dem Verkauf von Schrauben ein Weltkonzern zu schaffen. Seine Serviceführerschaft sicher sich das Unternehmen durch den Vertrieb durch Außendienstmitarbeiter. Würth geht zu den Kunden und wartet nicht, dass die zu ihm kommen.

FESTO ist weltweit führend in der Automationstechnik. Die FESTO-Messeauftritte mit Robotern in Form von Kängurus, Quallen oder Libellen sind so bekannt wie spektakulär. Sie sind eines der Highlights auf jeder Hannover Messe. Mit diesen imageträchtigen Projekte festigt FESTO seine Position als Innovationsführer.

RSB GLOBAL, Indiens größter Hersteller von Komponenten für die Automobil- und Kraftfahrzeugindustrie. Viele Firmen aus China oder Indien positionieren sich als Kostenführer.

HILTI gilt als der ultimative Bohrhammer auf dem Bau. Das Image wird sorgsam gepflegt und der Qualitätsstandard des Lichtensteiner Herstellers sichert ihm eine hohe Akzeptanz am Markt. Mittlerweile hat das Unternehmen 15 Geschäftsfelder.

FAZIT
Auch im B2B-Bereich kann die Wertekommunikation entscheidende Vorteile sichern. Denn es sind immer Menschen, die die Entscheidungen treffen. Neben der eigenen Positionierung ist zu beachten, mit wem man es im Buying-Center auf Kundenseite zu tun hat. Dementsprechend kann die Kommunikationsstrategie aufgebaut werden.

UNTERNEHMENSKULTUR

Wertschätzung ist die Basis guter Führung.

» Eine Unternehmenskultur sollte immer intelligenter sein als die Mitarbeiter. Meist ist das Gegenteil der Fall, es gilt eher „gemeinsam sind wir blöd." [165] Die Mitarbeiter haben viele gute Ideen, wie man das Miteinander verbessern könnte, aber werden von den Gepflogenheiten dumm gehalten und passen sich entsprechend an. Die Mängel sind offensichtlich, aber die Strukturen zu erstarrt, um das naheliegende auch zu tun. Meist ist das ein Führungsproblem. Den Führungskräften kann man keinen Vorwurf machen, denn wie man eine Unternehmenskultur aufbaut und pflegt hat kaum ein Unternehmer gelernt. Um das zu lernen, ist es wichtig eine Absicht zu haben und sich bewusst zu werden, welche Werte man etablieren möchte. Eine intelligente Unternehmenskultur, die auf Werten aufbaut, ist den Mitarbeitern immer ein wenig voraus und ermöglicht es ihnen in ihren Stärken zu sein. Sie wird zu einem unterstützendem Führungsinstrument. Wenn Mitarbeiter mit einer positiven Grundhaltung über das Unternehmen berichten, sind sie die optimalen Multiplikatoren. «

[165] » *Fritz B. Simon: „Gemeinsam sind wir blöd? Die Intelligenz von Unternehmen, Managern und Märkten", 4. Auflage, Carl-Auer-Systeme Verlag 2013, 11*

WERTERAUM UNTERNEHMENSKULTUR

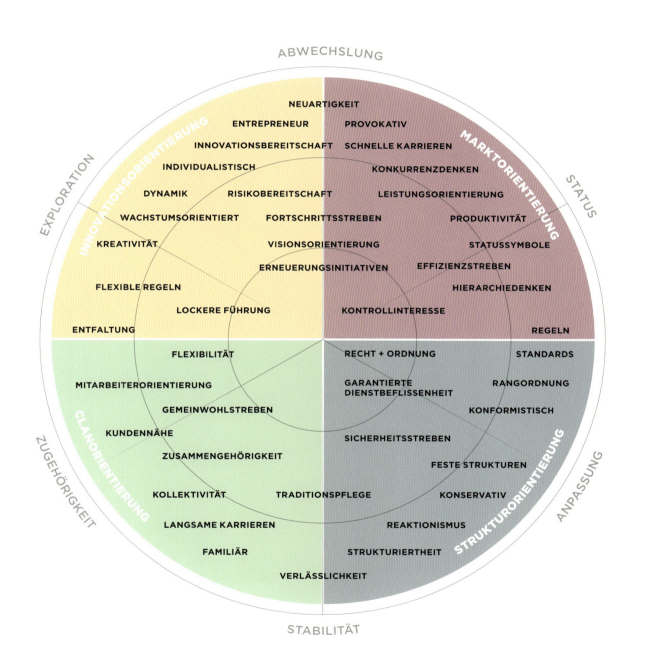

AUCH UNTERNEHMENSKULTUREN LASSEN SICH TYPISIEREN

Für die Darstellung des Werteraumes bezogen auf die Unternehmenskultur wurden die Begriffe wieder angepasst. Auch hier gilt wieder wie in allen Werteräumen, dass sich Gegenteile gegenüberliegen. In dem Fall wurden vier Kulturausrichtungen zur Verdeutlichung eingeführt. Diese Differenzierungsmöglichkeiten je nach Betrachtung, werden auf den nächsten Seiten noch ergänzt. Alle Werteräume und Wertetargets in diesem Buch folgen der gleichen Logik und bauen aufeinander auf.

Da auch jede Unternehmenskultur auf gemeinsamen Wertvorstellung basiert, lassen sich auch diese gut mit dem Wertetarget differenzieren. Die Werte in dem Target sind entsprechend angepasst, folgen aber der Logik und dem gleichen Aufbau wie auch die anderen Wertetargets. Je nach Unternehmen gibt es andere unausgesprochene Abmachungen und Regeln oder auch formulierte Ziele und Wertevereinbarungen. Es hilft die Prinzipien der Zusammenarbeit gemeinsam zu erarbeiten und zu formulieren.

124 SELBSTBILD UND WERTE

WIE MITARBEITER ÜBER DAS UNTERNEHMEN FÜHLEN

Das Selbstbild und die innere Haltung der Mitarbeiter wird durch die Unternehmenskultur geprägt. Kommt ein Mitarbeiter nur des Geldes wegen, macht er stumpf seine Arbeit, oder kennt er die Mission des Unternehmen und fühlt sich mit dieser emotional verbunden? Unternehmen mit etabliertem Wertesystem kommunizieren einheitlich. Wer seine Werte und seine Positionierung definiert hat, ist besser im Design. Mit emotionalen Landkarten aus dem Neuromarketing lassen sich ganze Landschaften an Werten in Unternehmen identifizieren. Auf dieser Basis können auch neue Mitarbeiter schnell verstehen, wie im Alltag am Telefon, bei Anfragen, auf Events oder bei allen Kundenkontakten das Unternehmen vertreten werden kann. Sind Verhalten und Wertesysteme als Corporate Culture strategisch aufgebaut, kann auch das Corporate Design mit Sprache, Bild, Tonalität, in die gleiche Richtung steuern. Corporate Design und Corporate Culture sind die Key-Elements einer erfolgreichen Unternehmensidentität. Diese wird über Wertekommunikation etabliert.

MOTTOS UND GLAUBENSSÄTZE

05 *Wertekommunikation in Unternehmen* | **Unternehmenskultur**

DIE INNERE HALTUNG

Die Unternehmenskultur entscheidet auch über die innere Haltung der Mitarbeiter. Passen deren Werte nicht zu der Unternehmenskultur, gehen viele Mitarbeiter in die innere Kündigung. Erhebungen zu Folge betrifft das 25 % aller Arbeitnehmer. Hauptursache ist meist fehlende Wertschätzung und der Führungsstil des Vorgesetzten. Die Führungskraft ist immer noch einer der Hauptkündigungsgründe. Ein Prozess, der die Werte der Unternehmenskultur zum Thema hat, kann solche Entwicklungen verhindern.

Was ist das unausgesprochene Motto in Ihrem Unternehmen?

126 | EIGENSCHAFTEN EINER UNTERNEHMENSKULTUR

WERTE ENTDECKEN UND ENTWICKELN

Teambesprechungen, Ansprachen der Geschäftsführung und Firmenfeiern machen die Eigenschaften einer Unternehmenskultur schnell offensichtlich. Wie man eine Unternehmenskultur aufbaut, lernt keiner an der Universität. Die Wertekommunikation zeigt, wo man steht. Die Schlagwörter verdeutlichen schnell, wo die eigene Unternehmenskultur stärker ausgeprägt ist und wo weniger. Wie lobt man einander? Wie wird in der Kaffeepause miteinander kommuniziert? Was sind die Stärken der Teams? Wie redet man vor anderen über die eigenen Kollegen? Passt die Unternehmenskultur zur Positionierung der Unternehmensmarke? Wenn nein, welche Impulse und Anregungen aus welchem Bereich braucht es?

Es ist gut sich über die Werte im Unternehmen zu verständigen und diese schriftlich gemeinsam zu formulieren.

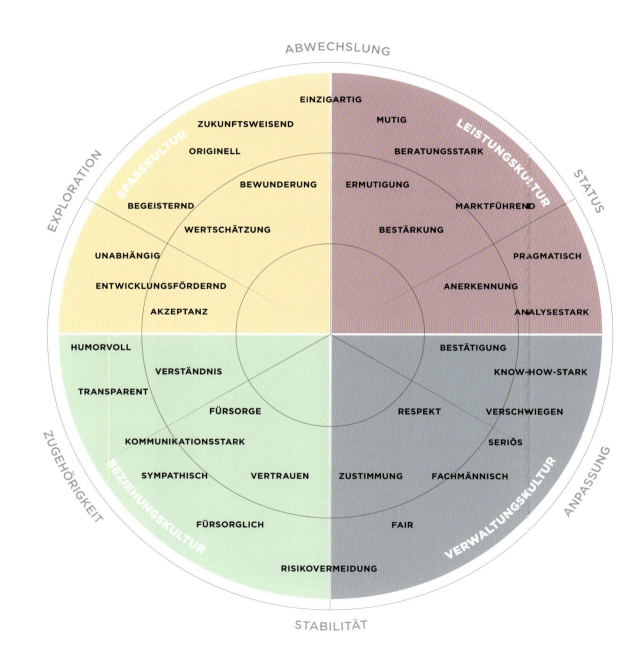

KULTURTYPEN NACH BRANCHEN

05 *Wertekommunikation in Unternehmen* | **Unternehmenskultur**

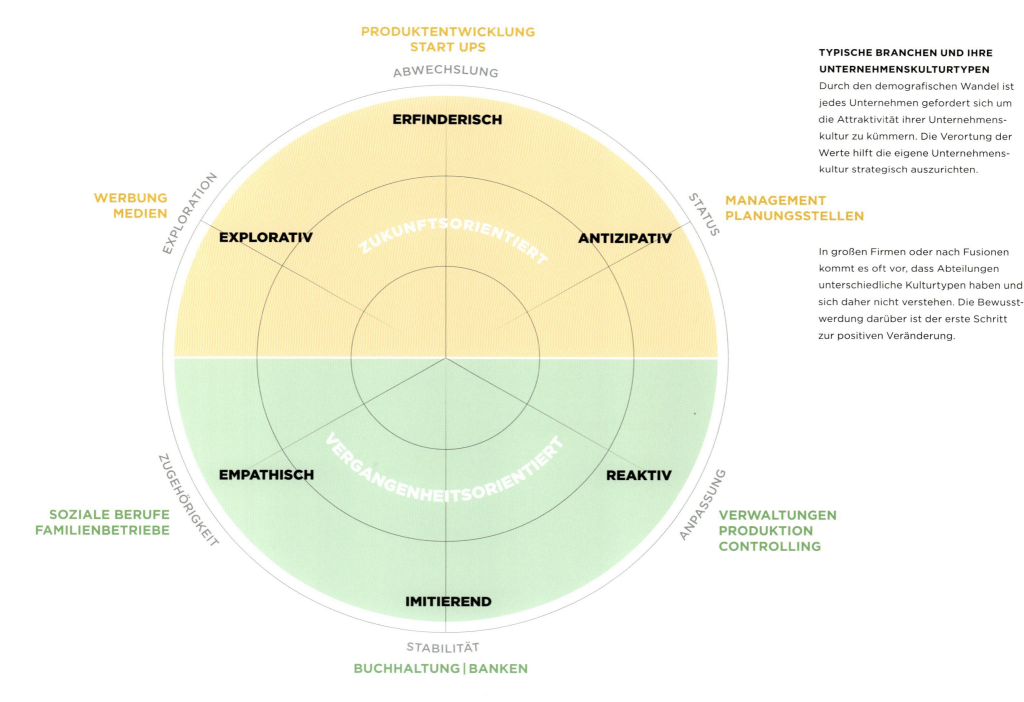

TYPISCHE BRANCHEN UND IHRE UNTERNEHMENSKULTURTYPEN
Durch den demografischen Wandel ist jedes Unternehmen gefordert sich um die Attraktivität ihrer Unternehmenskultur zu kümmern. Die Verortung der Werte hilft die eigene Unternehmenskultur strategisch auszurichten.

In großen Firmen oder nach Fusionen kommt es oft vor, dass Abteilungen unterschiedliche Kulturtypen haben und sich daher nicht verstehen. Die Bewusstwerdung darüber ist der erste Schritt zur positiven Veränderung.

MOTIVATION FÜR DEN WANDEL

BEDÜRFNISBEREICHE IN UNTERNEHMEN

Die „6 Human Needs", wie sie der Motivationstrainer Tony Robbins beschreibt, gelten auch für die unterschiedlichen Typen von Unternehmenskulturen. Sie sind die Treiber hinter dem Wunsch nach Wandel. Während die einen ständig auf der Such nach Wandel sind, wollen sich andere nur dann verändern, wenn Missstimmung herrscht. Anderen ist die Stimmung egal, Hauptsache der Output stimmt. Je nach Kulturtyp, ist die Blickrichtung für die Lösung eine andere, mal in Richtung Zukunft gewandt, mal eher vergangenheitsorientiert.

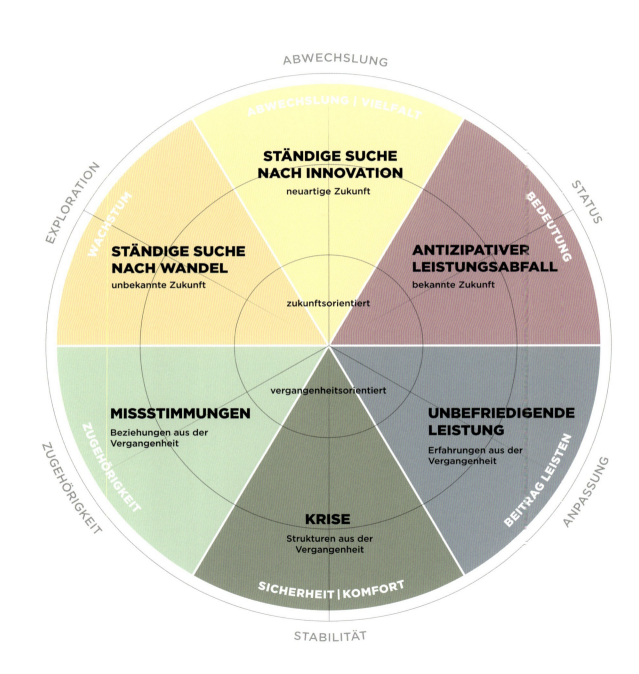

05 *Wertekommunikation in Unternehmen* | **Unternehmenskultur** 129

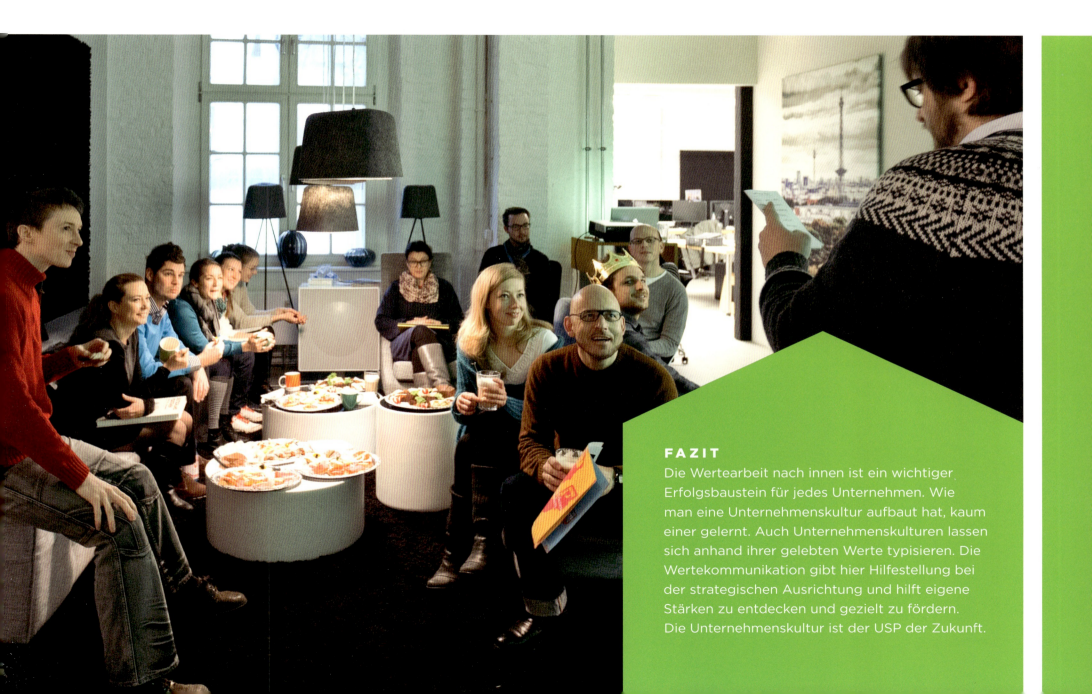

FAZIT

Die Wertearbeit nach innen ist ein wichtiger Erfolgsbaustein für jedes Unternehmen. Wie man eine Unternehmenskultur aufbaut hat, kaum einer gelernt. Auch Unternehmenskulturen lassen sich anhand ihrer gelebten Werte typisieren. Die Wertekommunikation gibt hier Hilfestellung bei der strategischen Ausrichtung und hilft eigene Stärken zu entdecken und gezielt zu fördern. Die Unternehmenskultur ist der USP der Zukunft.

DESIGN SCHAFFT MEHRWERTE

Die vom Markenverband, dem Rat für Formgebung und Scholz & Friends durchgeführte Studie „Die Schönheit des Mehrwertes", sollte der Frage „Welche messbaren Werte hat Design für ein Unternehmen?" Antworten liefern. Zusätzlich sollte sie die betriebswirtschaftliche Bedeutung von Gestaltung definieren.

2,4%
97,6%
Der Befragten nutzen Design zur Positionierung gegenüber Wettbewerbern.

4,9%
95,1%
Der Befragten geben an, dass Design für den Markenwert ihres Unternehmens eine große Rolle spielt.

13,6%
86,4%
Der Befragten geben an, dass der Absatz ihrer Produkte wesentlich vom Design abhängt.

12,3%
87,7%
Der Befragten geben an, dass ihr Unternehmen durch Design Marktanteile gewinnen kann.

Quelle › Studie „Die Schönheit des Mehrwertes" Markenverband, Rat für Formgebung, Scholz & Friends

06

Den Werten Gestalt geben

Design ist das Vehikel der Wertekommunikation

WERTEKOMMUNIKATION IMPLEMENTIEREN

Die Theorie in die Praxis bringen

» Wertearbeit macht die Unternehmenskommunikation effizienter. Voraussetzung ist Engagement und die Bereitschaft der Unternehmensführung sich zu öffnen. Wichtig ist, dass auch die Basis mitgenommen wird. Proklamierte Werte, die sich die Geschäftsführung im engen Kreis mit Beratern ausgedacht haben, bleiben meist leblose Hülsen. So manches „Mission-Statement" oder das Leitbild einer Firma wird von den Mitarbeitern eher belächelt als gelebt. Die Diskrepanz zur betrieblichen Realität ist oft zu groß und sollte hinterfragt werden. Im Idealfall macht die Wertearbeit die Werte sichtbar, die tatsächlich da sind und auch gelebt werden. Sie stecken in den Erfolgsgeschichten der Mitarbeiter. Dafür sollten die Mitarbeiter auch beteiligt werden. Sie sind auch oft die wichtigsten Markenbotschafter und Multiplikatoren.
Echter Wandel lebt vom Dialog jenseits von Urteilen und Zynismus.

Wir stellen in diesem Kapitel einige Tools vor, mit denen authentische Werte gemeinsam gefunden werden können. Durch die vielen Perspektiven der vorgestellten Methode, bietet dieser Werteprozess eine strategische Grundlage für die Unternehmenskommunikation und das Marketing. «

NEUN WERTETOOLS

Mit den nachfolgenden Tools zeigen wir, wie Werte analysiert und erarbeitet werden, und wie man auch größere Gruppen an diesem Prozess beteiligen kann. Diese neun Tools unterstützen Unternehmen bei ihrem Wandel und dem Einstieg in die Wertearbeit.
Eine noch ausführlichere Toolbeschreibung finden Sie auf *www.wertekommunikation.info*.

BLACKBOX MITARBEITERBEFRAGUNG

Eine anonyme Befragung mit Hilfe eines Fragebogens und die Einreichung via „Blackbox" eignet sich besonders für Themen, bei denen ggf. eine Befangenheit bei den Befragten vorliegt. Ebenfalls geeignet ist diese Methode, wenn die Befragung innerhalb des Unternehmens über mehrere Hierarchiestufen stattfindet. Auf diese Art können auch kritische Themen effektiv hinterfragt und ausgewertet werden.
Wichtig: Die Auswertung sollte immer allen teilnehmenden Personen zugänglich gemacht werden und die Erkenntnisse sollten zu Taten führen.

FRAGENKATALOG MITARBEITER

Gerade in Umbruchsituationen ist es hilfreich die Mitarbeiter zusammen zu befragen. Eine starke Unternehmenskultur ist die beste Grundlage für eine starke Marke. Eine Mitarbeiterbefragung (mit oder ohne Blackbox) kann sich z. B. gezielt der aktuellen Zufriedenheit und dem Verhältnis zur Führungsebene widmen. Die Organisationsentwicklung steht im Vordergrund. Eine Umfrage zur Zufriedenheit/Führung kann auch im Zuge der Markenentwicklung hilfreich sein – besonders, wenn ggf. Hürden innerhalb des Unternehmens bekannt sind, die im Vorlauf einer gemeinsamen Wertefindung aufgedeckt und gelöst werden sollen.
Grundsätzlich bietet sich eine solche Befragung in regelmäßigen Abständen in jedem Unternehmen an. Es ist ein gutes Instrument, um Werte nach innen zu kommunizieren.

KUNDENBEFRAGUNG

Der beste Spiegel für ein Unternehmen sind meist die Kunden. Die Insights sind oft von großem Wert für einen Strategieprozess. Qualitative Befragungen von ausgewählten Kunden helfen oft sehr. Nicht nur die eigene Sicht auf Produkt und Dienstleistung sollten im Prozess der Wertefindung hinterfragt werden. Auch die relevante Zielgruppe und Bestandskunden können einen großen Teil dazu beitragen. Für diese Methode werden in enger Abstimmung mit dem Marketing und bestenfalls auch Vertrieb ein Fragebogen zu allgemeinen Themen, aber auch bekannten kritischen Punkten oder Entwicklungspotenzialen erarbeitet. Dieser Fragebogen geht dann an einen repräsentativen Querschnitt von ausgewählten Kunden.

FRAGENKATALOG: STRATEGISCHE AUSRICHTUNG

Die intensiven Befragungen sind eher für einen kleinen Kreis von ausgewählten Mitarbeitern des Unternehmens geeignet. Hilfreich ist es, die unterschiedlichen Perspektiven von Firmenleitung, Marketing, Vertrieb und Controlling zu beleuchten. Im Werteprozess ist es wichtig die zukünftigen Kommunikationsmaßnahmen und Botschaften möglichst passend zu den Zielen und Bedürfnissen ihres Unternehmens zu gestalten. Um die Sicht verschiedener Mitarbeiter zu erfassen, sollte der Fragebogen gemeinsam erarbeitet werden. So können viele verschiedene Insights gesammelt und sichtbar gemacht werden. Insbesondere Informationen von den Vertrieblern, die den Kunden bereits in der frühen Akquisitionsphase kennen, sind wichtig. Ebenso sind die Aussagen der Mitarbeiter der Service-Hotline relevant, da sie ein gutes Gespür für die Bedürfnisse der Kunden haben.

BRAINWRITING/MINDMAPPING

Dieses Instrument ist gerade am Anfang eines Strategieprozesses in der Sammelphase sinnvoll. Im klassischen Mindmapping oder auch Brainwriting lassen sich in kleinen Gruppen mehrere Themen tiefer gehend behandeln. Es sollte darauf geachtet werden, dass die Fragestellungen möglichst offen gehalten werden. Dies ermöglicht den Teilnehmern ebenso offen ohne Vorbehalte und falsche Zurückhaltung zu antworten. Alle Antworten werden gesammelt und an einer Pinnwand o. ä. für alle sichtbar aufgehangen und später hierarchisiert. In der Gesamtansicht werden schnell zentrale Punkte und Themen sichtbar, die dann im moderierten Gespräch im Detail diskutiert werden.

WANDERAUSSTELLUNG

Die Wanderausstellung ist geeignet für größere Markenprozesse, bei denen viele Leute involviert werden sollen. Es werden Plakatwände über einen längeren Zeitraum ausgestellt und Mitarbeiter können dort Wertungen und Meinungen abgeben. So können große Gruppen konzentriert an einem Strategieprozess beteiligt und Werte integriert werden. Die Identifikation mit dem Ergebnis nimmt dadurch deutlich zu.

MÖGLICHER ABLAUF

MOTIVATION
Ausgangssituation
(mehrere Stationen möglich)

ANALYSE
Potenziale erkennen
(mehrere Stationen möglich)

PERSPEKTIVE
Ziele definieren
(mehrere Stationen möglich)

VISION
Feedback
(mehrere Stationen möglich)

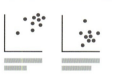
Positionierung innerhalb von vorgegebenen Wertefeldern mit Pinnnadeln.

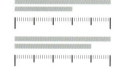
Die Antworten der Teilnehmer können auf einer Skala gewichtet werden (Markierung z. B. mit Dart-Pfeilen, spielerisches Element).

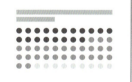
Die Teilnehmer können mit unterschiedlichen Klebepunkten, Pinnnadeln, o. ä. die für sie relevanten Ziele markieren.

Im Prozess festgelegte Visionen und Kernsätze werden plakativ präsentiert und es können wieder Punkte vergeben werden.

GEGENWART   **ZUKUNFT**

VISIONSREISE/FANTASIEREISE

In einem Zustand der Entspannung werden die Teilnehmer verbal dazu angeregt sich innere Bilder zu einem Thema vorzustellen. Die Themen einer solchen inneren Reise können breit gewählt werden:

» unser Unternehmen in der Zukunft
» die neue Unternehmenskultur
» guter Teamspirit
» die eigene Marke in der Zukunft
» die neue Position im Unternehmen

Angeregt durch einen Leiter, der zu dem Thema eine Fantasiereise erzählt, entwickelt jeder seine eigene innere Vision, die bestimmt ist durch seine Gefühle, Erwartungen und Ansichten. Die so gewonnenen Einsichten sind oft viel anregender und kreativer als die, die durch Gespräche hervorgebracht werden. Die Fantasiereisen können in Workshops oder als Einzel-Coachings durchgeführt werden. Als Soundfiles kann sie jeder individuell anhören und sich von seinem Unbewussten inspirieren lassen.

PERSONAS

In einem geführten Workshop in kleinen Gruppen von bis zu zwölf Personen lassen sich Zielgruppen und Kunden mit Hilfe von Personas definieren.

Den Teilnehmern werden diverse Bildkarten aus unterschiedlichen Themenbereichen zur Verfügung gestellt, aus denen sie sich ihren „perfekten" Kunden zusammenstellen können. Die Bildkarten erleichtern den Einstieg und regen die Gedanken der Teilnehmer über das eigentliche Motiv hinaus an. Andere Anwendungsgebiete sind bspw.:

» das perfekte Produkt
» der perfekte Service
» der perfekte Mitarbeiter

ROLF, 45
VERHEIRATET, 2 KINDER

- MENSCHENFREUND
- NATURLIEBHABER
- 2 GESCHWISTER → ER SPIESSIG
- SOZIALDEMOKRAT
- TREU, BAUCHGESTEUERT

MAG NICHT:
- UNPÜNKTLICHKEIT
- UNGEWISSHEIT

WOLFGANG, 48, WITWER

MARKETINGLEITER IN JUNGEM TECHNOLOGIEUNTERNEHMEN
BUDGET: 500.000 MITARBEITER: 500+
KOMMUNIKATIONSWISSENSCHAFTLER

DESIGNAFFIN
QUALITÄTSBEWUSST
WEISS WAS ER WILL
ZIELORIENTIERT
WELTOFFEN, REISELUSTIG
SPORTLICH/JUNG GEBLIEBEN
PHILANTROP
GEHT GERN GUT ESSEN

MAG NICHT:
- UNORDNUNG
- ENGE
- FLIESSBANDARBEIT
- MICROSOFT

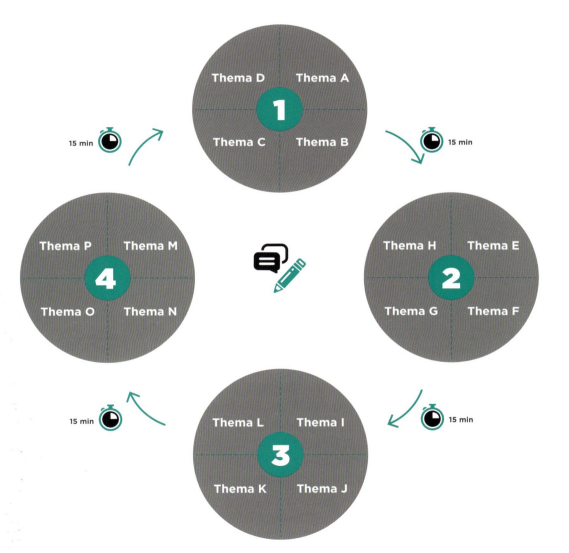

WORLD CAFÉ

Das „World Café" ist ideal für die Beteiligung von großen Gruppen bei Veranstaltungen. Bei Workshops mit einer hohen Teilnehmerzahl besteht die Gefahr von unproduktiver Zeit und ergebnislosen Diskussionen. Mit der Methode „World Café" können Sie bei Ihren Workshops viele verschiedene Themen effektiv diskutieren. Hierzu werden die Teilnehmer in Gruppen aufgeteilt und es ein Moderator bestimmt. Die Gruppen werden an Stehtischen mit Papierdecken gruppiert. Die diskutierten Themen und Ergebnisse können direkt auf der Tischdecke skizziert werden. Hierbei sollte auf offene, inspirierende Fragestellungen geachtet werden. Ungefähr im 15-Minuten-Takt wechseln die Gruppen zum nächsten Tisch, um das nächste Thema zu bearbeiten. Es können entweder die Gruppen bestehen bleiben oder sie werden neu gemischt. So wird gewährleistet, dass jeder Teilnehmer jedes Thema behandeln kann. Es ist wichtig, jedes Statement festzuhalten und alle zu Wort kommen zu lassen. Der Kreativität soll freien Lauf gelassen werden und die Ergebnisse werden anschließend vor allen Gruppen vorgestellt und können bei Bedarf noch weiter verdichtet werden.

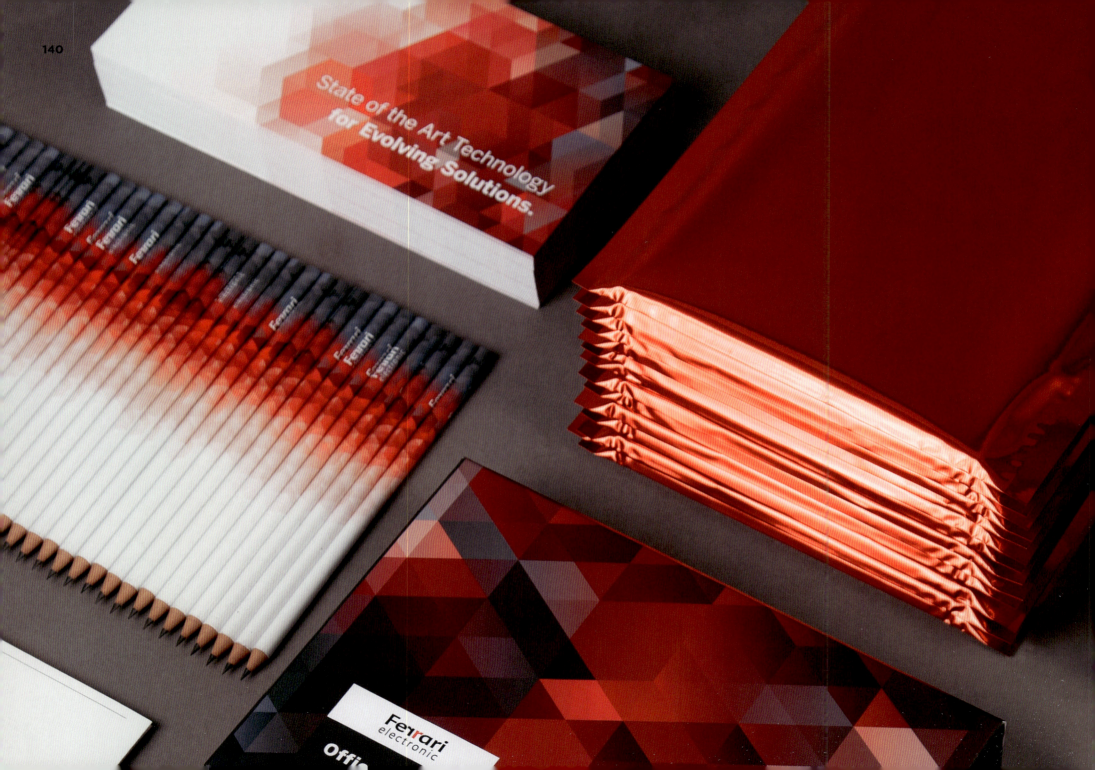

WERTE GESTALTERISCH UMSETZEN

Integration von Werten in das Corporate Design

» Besonders auf der gestalterischen Ebene, speziell beim Corporate Design, sollte der Werteprozess integriert werden. In Form von Bildwelten, Tonalität, Typografie, Gestaltungsrastern, Headlines, Claims, Verpackungsdesign und Kampagnen, nehmen die Werte Gestalt an. Gibt es keine Strategie, bleibt vieles dem Zufall und persönlichem Geschmack überlassen.

Um aufzuzeigen, wie sich die Wertepositionierung auf das Design übertragen lässt, werden auf den nächsten Seiten einige konkrete Beispiele vorgestellt. «

« Ferrari electronic hat im Zuge ihres Relaunchs bewusst auf ausgefallene Farben, Muster und Materialien gesetzt. Das metallische Papier ist im Wertetarget dem Bedürfnisbereich Bedeutung zuzuordnen. Die Wahl von Farbe und Papier unterstützt die Wertigkeit und den Anspruch auf Marktführerschaft in ihrem Segment.

142 TEXTBOTSCHAFTEN UND TYPOGRAFIE

TYPOGRAFIE UNTERSTÜTZT DIE BOTSCHAFT

Jede Schriftart hat ihren eigenen Charakter. Sinnvoll gewählt, stützt der Font das Unternehmensimage. Viele Unternehmen lassen diese Möglichkeit außer Acht und nutzen nur Standardschriften.

Bei den Textbotschaften verhält es sich ähnlich. Obwohl auf vielen Webseiten sogar zu viel Text ist, fehlen die Wertebotschaften. Bei rund 80 % der Webauftritte heißt zum Beispiel die Überschrift bei dem Menüpunkt Unternehmen „Unternehmen". Das vermittelt einem gar nichts – eine ungenutzte Möglichkeit. Sogenannte „Talking Headlines", kurze Wertestatements aus drei bis fünf Worten, können eingesetzt und zur Wertekommunikation genutzt werden. Die Orientierung im Wertetarget hilft den richtigen Ton zu treffen und Wertestatements zu finden, die zu der gewünschten Positionierung passen.

« Bei ihrer Imagebroschüre hat die SSH Schaden Schnell Hilfe GmbH die Neo Sans als Schrift gewählt. Die typografischen Elemente der Broschüre des KFZ-Schaden-und Qualitätsgutachters, unterstützt das starke und selbstsichere Auftreten des Unternehmens am Markt.

144 FOTO UND IMAGE

BILDER DER TAUSEND WORTE

Bilder sind oft der direkteste Kanal um Werte und Image zu kommunizieren. Eine der sinnvollsten Investitionen für die Wertekommunikation ist die in eine eigene authentische Bildsprache. Jeder kann sich damit sofort von den Wettbewerbern differenzieren und seine Wertebotschaften platzieren. Wie passt das Umfeld zu der gewünschten Botschaft, wie ist die Perspektive, wie interagieren die Menschen auf den Bildern, wie mit dem Betrachter? All das wirkt auf das Unbewusste und die emotionale Ebene in Bruchteilen von Sekunden.

Oft werden Bilder willkürlich eingesetzt, ohne sich um die Wertewirkung Gedanken zu machen. Man gibt vor besonders innovativ zu sein und zeigt seine wichtigen Mitarbeiter mit stereotypen Passfotos. Eine inkohärente Bildsprache verringert die Glaubwürdigkeit.

Die Abenteuerlust und Dynamik im Unternehmen wird von den Bildwelten repräsentiert.

ABWECHSLUNG | VIELFALT

Die Bildwelten und das Design strahlen Optimismus aus. Hier positionieren sich neugierige und kreative Unternehmen.

Hier ist die Bildsprache oft sehr dominant und ausdrucksstark. Das Image soll vorrangig Macht und Status ausstrahlen.

WACHSTUM

BEDEUTUNG

Pünktlichkeit, Korrektheit, Präzision. Hier wird alles akribisch und pflichtbewusst umgesetzt. Das soll sich auch im Image widerspiegeln.

Das Team spielt hier die größte Rolle. Das zeigt sich auch in den Bildern.

ZUGEHÖRIGKEIT

BEITRAG LEISTEN

Hier steht die Tradition im Vordergrund. Oft finden sich hier familiengeführte Unternehmen wieder.

SICHERHEIT | KOMFORT

06 *Den Werten Gestalt geben* | **Werte gestalterisch umsetzen** | 145

« In den PUK-Werken stehen die Fachkräfte im Vordergrund. Auch in der Bildwelt zeigt sich, dass die Expertise und langjährige Erfahrung der Mitarbeiter im Unternehmen an erster Stelle stehen. Der technoide Bildstil unterstützt die gewünschte Wertewirkung.

146 LAYOUTSTILE

DER CHARAKTER EINES LAYOUT

Je nach Thema und Branche lassen sich die unterschiedlichsten Gestaltungsstile in Magazinen und Broschüren wiederfinden. Nicht nur Farbe, Typografie und Bildwelten sind ausschlaggebend, sondern auch die Anordnung und das Zusammenspiel dieser Elemente spielen eine große Rolle und sind entscheidend für eine Positionierung im Wertetarget. Soll das Layout eher an Vertrautes anknüpfen oder ist eine innovative, ungewöhnliche Lösung die Richtige? Bin ich sehr sachlich mit großen Textmengen, nutze ich Infografiken oder stehen Bilder von Menschen im Vordergrund. Die Entscheidung ist abhängig von der gewünschten strategischen Positionierung. Die Bewusstheit über die Position macht die Unternehmenskommunikation klarer und man kann Veröffentlichungen einen Rhythmus geben, bei dem das WARUM und das WIE am Anfang steht.

Diese Magazine zeichnen sich durch wilde und abwechslungsreiche Farben und Formen aus. Das spiegelt den Abwechslungsreichtum und die Vielfalt im Unternehmen wider.

Hier trifft man auf extravagante und ungewöhnliche Layouts. Unternehmen mit einer solchen Positionierung sind oft furchtlos. Und das findet sich auch im Design wieder.

Hier werden edle Bilder, Drucke und Typographien genutzt. Oft wird in diesem Bereich durchsetzungsstark kommuniziert.

Diese Layouts sind sehr textlastig mit vielen technischen Details, wie Zahlen, Fakten und Tabellen. Dieser Gestaltungsstil wird bspw. bei Katalogen und Produktbroschüren genutzt.

Hier ist der Kommunikationsstil eher klassisch. Es werden oft gängige Formate und Schriften gewählt, die die Tradition im Unternehmen widerspiegeln.

In diesen Broschüren sind oftmals Bilder mit Menschen im Vordergrund. Das soll das Zugehörigkeitsgefühl repräsentieren und an vertrautes anknüpfen. Dieser Gestaltungsstil ist oft bei soliden Geschäftsberichten wiederzufinden.

In diesem Bereich positionieren sich Hochglanz- und Frauenmagazine. Es werden viele Bilder genutzt.

ABWECHSLUNG | VIELFALT
BEDEUTUNG
BEITRAG LEISTEN
SICHERHEIT | KOMFORT
ZUGEHÖRIGKEIT
WACHSTUM

06 *Den Werten Gestalt geben* | **Werte gestalterisch umsetzen** | 147

« Daten und Fakten sprechen besonders die Zielgruppe der Disziplinierten an und stehen für den Bedürfnisbereich Beitrag Leisten im Wertetarget.

148 PAPIERSORTEN

AUCH PAPIERE STEHEN FÜR WERTE

Mit der Wahl einer Papiersorte kann eine Wertehaltung untermauert oder akzentuiert werden. Büttenpapier, am besten noch mit Wasserzeichen, wird gerne bei traditionellen Haltungen gewählt, ein handgeschöpftes Papier dagegen steht eher für Extravaganz. Mit Naturpapieren wird der Wert der Nachhaltigkeit betont, und wer Kopierpapier in seiner Geschäftsausstattung einsetzt, dokumentiert damit einen Hang zur Askese. Oft bleiben diese Aspekte unbeachtet oder man folgt dem Geschmack des Chefs. Sind Positionierung und Werte klar, kann auch die Wahl des Papieres der Strategie folgen. Man spricht in dem Zusammenhang auch vom 5-Sense-Branding. Alle fünf Sinne können eingesetzt werden, um die gewünschte Richtung zu unterstützen. Das Papier nutzt dabei den haptischen und visuellen Sinneskanal.

Diese Sorten repräsentieren das Neuste vom Neusten. Die Papiere werden bspw. für Hochglanzmagazine und Broschüren genutzt, in denen neuste Trends aus verschiedensten Bereichen vorgestellt werden.

Die Papierindustrie bietet heute immer wieder sehr ungewöhnliche ungesehene Papiere an, die sich hervorragend eignen für Unternehmen, die sich hier positionieren wollen.

ABWECHSLUNG | VIELFALT

Metallische Papiere wirken besonders edel und einzigartig.

WACHSTUM

AUSGEFALLENE PRÄGUNG ODER PAPIEROBERFLÄCHE

BEDEUTUNG

HOCHWERTIGES GLANZPAPIER

METALLIC

NATURPAPIER

KOPIERPAPIER

Naturpapiere werden nach bestimmten Richtlinien hergestellt und sind FSC-zertifiziert. Hier steht Nachhaltigkeit im Vordergrund.

ZUGEHÖRIGKEIT

HANDGESCHÖPFTES PAPIER

BEITRAG LEISTEN

Das günstige und nützliche Papier kann für Akribie und Korrektheit stehen.

Die Handgeschöpften Papiersorten, wie Büttenpapier werden in aufwendiger und gewissenhafter Handarbeit hergestellt. Die Wahl eines solchen Papiers kann eine traditionelle Haltung implizieren.

SICHERHEIT | KOMFORT

06 *Den Werten Gestalt geben* | **Werte gestalterisch umsetzen** 149

« Für die Einladungskarten des Deutschen Gründerpreises wurde ein Papier mit metallischem Finish eingesetzt. So wird Eleganz ausgedrückt, die dem feierlichen Anlass und der Würdigung der Sieger gerecht wird.

« Die Positionierung über Werte ist auch für das Corporate Design entscheidend. Dieses Kapitel hat aufgezeigt, dass auch über Typografie, Bildwelten, Layoutstile und Papiersorten bestimmte Werte repräsentiert werden können.

06 *Den Werten Gestalt geben* | **Werte gestalterisch umsetzen** | 151

FAZIT

Bevor Unternehmen an den Punkt gelangen Tools auszuwählen, die bei Werteprozessen weiterhelfen, ist es entscheidend sich dem Gedanken einer maßgeblichen Veränderung zu öffnen. Nur wenn die Führung den Willen hat Erkenntnisse auch zu Handlungen werden zu lassen, kann die Arbeit mit der Wertekommunikation zum Erfolg werden.

Der Werteprozess kann klein und ganz pragmatisch angegangen werden. Schon die vier Übungen in diesem Buch bilden ein gutes Fundament und reichen oft für einen Start aus. Will man jedoch auch Mitarbeiter involvieren, ist es sinnvoll auf ein paar der hier vorgestellten Wertetools zurückzugreifen.
Im Designprozess gibt man den Werten Gestalt und macht sie nach außen sichtbar. Hier wird die Marke in der gewünschten Weise lebendig.

DIE EVOLUTION VON ORGANISATIONSFORMEN

Reinventing Organizations, Frederic Laloux

DIE BANDE
Chef trifft alle Entscheidungen. [166] Ohne ihn geht nichts und das Unternehmen löst sich auf. [167]
» KAMPF
» CHEF IST KRIEGER

DIE ARMEE
Entscheidungen werden Top-Down eingesteuert. [168] Es gibt keine Verbindung auf gleicher Ebene. Alles geht Top-Down. [169]
» GEHORSAMKEIT
» CHEF IST GENERAL

DIE MASCHINE
Abteilungen bekommen von einer Zentrale Entscheidungen, die sie teilautonom umsetzen. [170] Die Distanz zwischen den Abteilungen kann groß sein. [171]
» PERFEKTION
» CHEF IST TECHNOKRAT

DIE FAMILIE
Ein Beziehungsgeflecht und flache Hierarchien ermöglichen eine regen Austausch von Informationen und Abstimmungen über Entscheidungen. [172] Die Abteilungen sind gut vernetzt und haben alle Verbindung zur Führung. [173]
» PARTNERSCHAFT
» CHEF IST EMPATHISCHER PATRIARCH

DAS NETZWERK
Das Unternehmen ist getragen von Selbstverantwortung. [174] Entscheidungsprozesse werden nicht mehr zentral gesteuert. [175] Gemeinsame Werte bestimmen das Handeln. [176] Es gibt keine zentrale Führung. [177]
» SELBSTBESTIMMUNG
» CHEF IST INDIVIDUUM

---

[166] » vgl. Laloux 2014, 37
[167] » vgl. ebd.
[168] » vgl. ebd.
[169] » vgl. ebd.
[170] » vgl. ebd.
[171] » vgl. ebd.
[172] » vgl. ebd.
[173] » vgl. ebd.
[174] » vgl. ebd.
[175] » vgl. ebd.
[176] » vgl. ebd.
[177] » vgl. ebd.

Quelle: Abbildung „Die Evolution von Organisationsformen", eigene Darstellung, in Anlehnung an Frederic Laloux: „Reinventing Organizations. How to create organizations inspired by the next stage of human consciousness", 1. Auflage, NELSON PARKER, Brüssel 2014, 37

07

Wertekommunikation muss man wollen

Die Wertehaltung der Führung

07 WERTEKOMMUNIKATION IST EINE FÜHRUNGSAUFGABE

In den Herzen der Mitarbeiter steckt mehr Verstand als manche Organisationsform zulässt.

» In den letzten Jahren ist vielen Unternehmen klar geworden, wie wichtig der Aufbau von Werten ist – für die eigene Marke, für die Unternehmenskultur und um dem Fachkräftemangel zu begegnen. Eine gute Unternehmenskultur ist der USP der Zukunft.
Nur wer den Stärken seiner Mitarbeiter Raum gibt, hat ein starkes Unternehmen. Hierarchisch geprägte Methoden, bei denen die Mitarbeiter zu Überstunden und Höchstleistungen getrimmt wurden, funktionieren in der Generation Y nicht mehr. Wer das WARUM nicht beantworten kann, kann nur schwer Menschen begeistern.

Wichtig ist, dass sich Unternehmen und vor allem die Geschäftsführung bewusst werden, welche Veränderungen vorgenommen werden müssen, um diesen Herausforderungen entgegenzutreten.

Dieses Kapitel soll aufzeigen, wie Unternehmer den ersten Schritt in den Werteprozess gehen können. Angefangen mit der Entscheidung, welcher Führungsstil eingenommen und welcher Teamspirit erreicht werden soll, und wie Employer Branding dabei helfen kann. «

> *Führung kann immer ein Weg zur Selbstermächtigung sein. Eine Kultur der Wertschätzung ist somit eine Grundinvestition für jedes Unternehmen.*

EMPLOYER BRANDING

Wie die Definition des WARUMs beim Employer Branding helfen kann

» Bei der Frage, welcher Führungsstil und Teamspirit wünschenswert ist, spielt Employer Branding eine wichtige Rolle.

„*Employer Branding heißt, ein Unternehmen als attraktiven Arbeitgeber entwickeln und ihn am Arbeitsmarkt entsprechend positionieren, um sich dadurch Vorteile zu verschaffen als Arbeitgeber.*[178]

Employer Branding beschreibt also, wie sich Unternehmen als Arbeitgebermarke für Arbeitnehmer attraktiver gestalten können. [179] Die Attraktivität eines Unternehmens gegenüber einem Arbeitnehmer hilft nicht nur bei der Mitarbeiterrekrutierung, sondern ist vor allem auch für die Mitarbeiterbindung notwendig. [180]
Dieser Prozess sollte zunächst auf interner und dann anschließend auf externer Ebene stattfinden. [181] Hierbei kann auch über die Definition von Werten und des WARUMs, eine solche Attraktivität geschaffen werden. Wer seine Geschichten definiert, kann damit auf interner und externer Ebene begeistern.
Allerdings müssen die Arbeitgebermarke, die Werte und das WARUM auch gelebt werden, um seine Wirkung zu entfalten. Und da müssen die Führungskräfte dahinter sein.

Eine Arbeitgebermarke zu kreieren ist in erster Linie Führungsaufgabe. Trotzdem ist die Führung nur ein Teil des Systems bzw. des Unternehmens. Auch Mitarbeiter müssen das WARUM leben. Jedoch leben die Führungskräfte die Marke immer vor.

Wenn der Unternehmer es schafft sein Unternehmen zu einer authentischen Marke zu wandeln, dann kann das Employer Branding auch bei Herausforderungen wie dem Fachkräftemangel, dem demografischer Wandel und der Austauschbarkeit helfen.
Denn Employer Branding und das WARUM verschaffen dem Unternehmen ein Profil, was nach außen getragen werden kann und mit dem sich das Unternehmen strategisch positionieren kann. «

[178] » *Christina Grubendorfer zu Gast beim DATEV Marketingclub am 15.11.2011 in Nürnberg, https://www.youtube.com/watch?v=2evKdIK4oas*
[179] » *vgl. ebd.*
[180] » *vgl. ebd.*
[181] » *vgl. ebd.*

158 | FÜHRUNGSSTIL

DER KOPF DES FISCHES

Der erste Schritt in den Werteprozess könnte die Entscheidung für seinen Führungsstil sein. Unternehmer sollten sich die Frage stellen, ob der aktuelle Führungsstil sich als nützlich für die Positionierung erweist und ob sich die Mitarbeiter wirklich „geführt" fühlen.

Nicht selten ist die Unternehmenskultur durch die Persönlichkeit des Chefs und seines Führungsstil bestimmt. Dieser beruht wiederum auf seinem Typ, seinen Werten und Glaubenssätzen. Wenn eine Führung fähig ist, sich selber von außen zu sehen und in Frage zu stellen, ist Wandel und Entwicklung möglich.

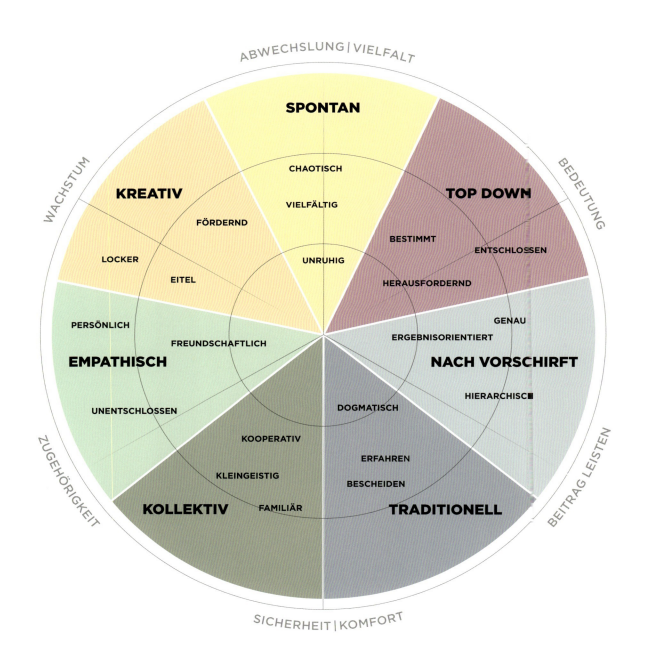

TEAMSPIRIT

07 *Wertekommunikation muss man wollen* | **Employer Branding**

GLAUBENSSÄTZE BESTIMMEN DEN TEAMSPIRIT MIT

Genauso entscheidend wie der passende Führungsstil, ist das Anstreben nach einem passenden Teamspirit. Typen und Wertvorstellungen prägen auch den Teamspirit und bestimmen, wie Werte in einem Unternehmen etabliert werden. Jede Form kann richtig sein und hervorragende gesunde Unternehmenskulturen schaffen. Konflikte treten dann auf, wenn Unternehmen mit unterschiedlichen Wertehaltungen fusionieren oder wenn die Führung wechselt und einen Führungsstil etablieren will, der nicht zur Unternehmenskultur passt. Unternehmen, die sich über Ihre Werte klar sind, haben es leichter neuen Mitarbeitern und neuen Führungskräften ein klare Orientierung zu geben.

INTUITIVE TESTS FÜR DIE WERTEDEFINITION

» Ein Schritt des Werteprozesses ist es das Unternehmen im Wertetarget einzuordnen. Hierfür können entweder die vorgestellten Übungen oder die nachfolgenden Tests Hilfestellung leisten.

Beruhend auf den Modellen, die in den vorherigen Kapiteln untersucht wurden, wurden Tests entwickelt, die dabei helfen sollen, Ihr Unternehmen zu verorten. Diese Tests bieten eine gute Basis für die Wertearbeit und sind ein erster Schritt in Richtung Veränderungs- bzw. Bewusstseinsprozess. Auf spielerische Art und Weise können mit den Tests Werte und Eigenschaften eines Unternehmens bestimmt werden. «

Die Tests können Sie online ausprobieren unter:
www.wertekommunikation.info

162 EIGENSCHAFTENTEST

EHER SO ODER SO?

Der Eigenschaftentest dient dazu, die Eigenschaften Ihres Unternehmens zu bestimmen und diese im Emotions- und Werteraum zu verorten. Hier lernen Sie, welche Bereiche am stärksten ausgeprägt sind. Die Auswertung veranschaulicht schnell, welche Eigenschaften die Teilnehmer des Tests der Marke oder dem Unternehmer vorrangig zuordnen.

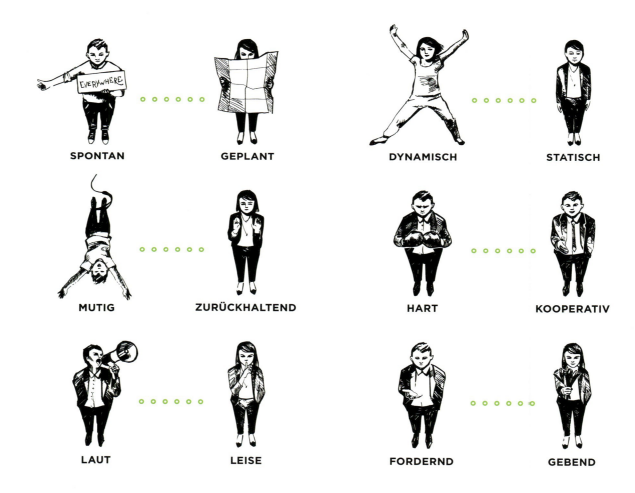

AUSWERTUNG EIGENSCHAFTENTEST STRAHLENDIAGRAMM

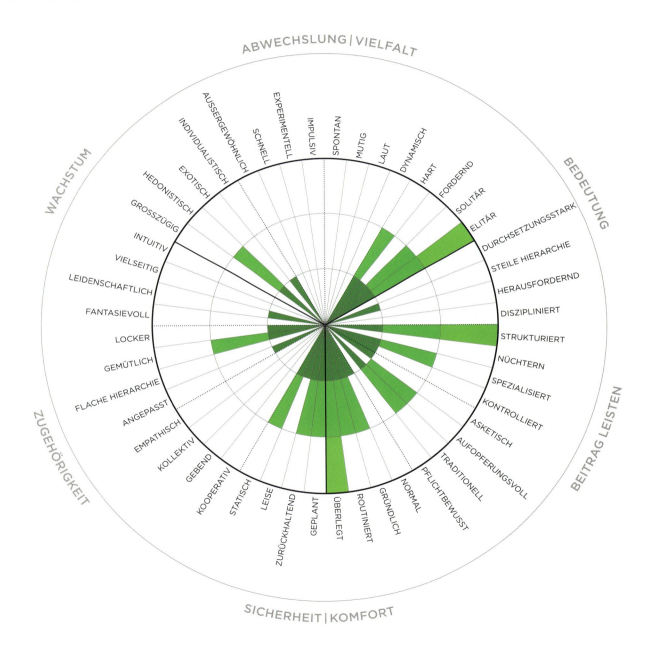

DIE EIGENSCHAFTEN EINES UNTERNEHMENS

In der Auswertung des Eigenschaftentests sieht man deutlich, welche Eigenschaften als besonders stark ausgeprägt gesehen werden und in welchen Bereichen ein Eigenschaftenschwerpunkt liegt. Die Eigenschaftenpaare sind so angeordnet, dass sie dem Wertetarget und den sechs Bedürfnisbereichen entsprechen.

Der Test kann auch von Einzelpersonen zur Selbstanalyse gemacht werden.

WERTETEST

» Bei diesem Test ist das Bauchgefühl entscheidend, deswegen wird zwischen verschiedenen Bildern, die jeweils Wertebereichen entsprechen, gewählt. Der spielerische Blick in den Spiegel zeigt, welche Werte in Ihrem Unternehmen verborgen sind. Die Fragestellungen sind so gewählt, dass sie rational nicht zu beantworten sind. Sind wir mehr ein VW oder ein Porsche? Wenn unser Unternehmen ein Tier wäre, wären wir ein Adler oder eine Katze oder doch eine Maus? «

Wertetest unter *www.wertekommunikation.info*

» Die Antworten auf die Fragen sind oft nicht rational zu begründen und doch sind die Probanden sich ganz sicher, welches Fahrrad den „Drive" im Unternehmen repräsentieren kann und welches nicht. Gefühle sind die Basis der Wertekommunikation. Der Test hilft diese sichtbar zu machen.
Probanden wählen die Antwort aus einer Serie von Bildern aus. So wird das Bauchgefühl stärker involviert.
Die Bilder sind wiederum Wertefeldern zugeordnet. Die Zuordnung hat nicht den Anspruch auf absolute Objektivität. Es geht nicht um „richtige" Antworten, sondern die Sichtbarmachung der eigenen unbewussten Einstellungen. Je nach Perspektive fallen die Antworten bei Mitarbeitern des gleichen Unternehmens sehr unterschiedlich aus. In der Diskussion miteinander entsteht dann ein neues Verständnis für den Blick und das Gefühl des anderen. «

BEISPIELFRAGEN AUS DEM INTUITIVEN BILDERTEST

Welchen Hund würden Ihre Kunden zu ihrem Unternehmens-Maskottchen wählen?

Wählen Sie einen Platz-Halter für den Geist in Ihrem Unternehmen.

Welches Fahrrad könnte den (internen) „Drive" in Ihrem Unternehmen symbolisieren?

Wie agiert Ihr Unternehmen am Markt?

Wie feiert Ihr Unternehmen sich und seine Mitarbeiter?

Welches der abgebildeten Figuren entspricht am ehesten der Organisationsstruktur Ihres Unternehmens?

 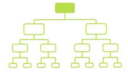

SMART TARGETING

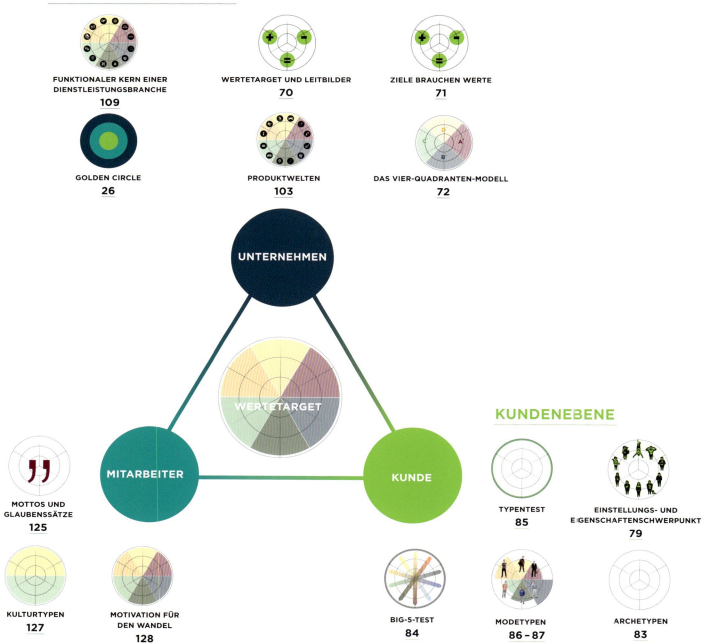

smart TARGETING

AUF ALLEN EBENEN ANWENDBAR

Das Wertetarget kann auf allen Ebenen des Werteprozesses eingesetzt werden. Sowohl extern als auch intern. Die Unternehmens-, Mitarbeiter- und Kundenebene werden alle beleuchtet. Diese Vielschichtigkeit in einem einheitlichen Werteraum macht die Kommunikation zwischen den Projektbeteiligten leichter und gibt einen klaren Blick auf das ganze Spektrum der Unternehmenskommunikation.

» Unser Anliegen ist es, mit dem System der Wertekommunikation und dem Wertetarget interessierten Unternehmern und Marketingverantwortlichen ein Instrument an die Hand zu geben, dass es Ihnen ermöglicht mit einer einheitlichen Methode die unterschiedlichen Ebenen Ihrer Unternehmenskommunikation zu beleuchten und strategisch auszurichten. Und das für die Kommunikation nach außen, wie auch nach innen. Denn neben der Positionierung sind Werte wichtig für die Führung eines Unternehmens, aber auch für den Aufbau eines Beziehungsnetzwerkes. Doch auch bei den zwei Herausforderungen hilft die Definition der Werte.

Das Modell baut auf vielen aktuellen Erkenntnissen aus dem Bereich des Marketings und der Organisationsberatung auf. In seiner Vielschichtigkeit der in Beziehung stehenden Werteräume ist es neu. Die größte Stärke des Wertetargets ist es, dass es auf alle Unternehmensbereiche übertragbar ist. Viele der theoretischen Ansätze wurden in aussagekräftige Infografiken übersetzt. Sie lassen sich schnell intuitiv erfassen und ihre Beziehungen untereinander sind durch die einheitliche Darstellung gut zu verstehen.

Wertekommunikation hilft Unternehmern durch die Definition Ihrer Werte ein eigenes Gesicht zu haben, zur Marke zu werden und eine nachhaltige Unternehmenskultur aufzubauen, die neue Mitarbeiter anzieht.

Wir hoffen, dass das Buch viele Unternehmer dazu begeistern wird, einen Werteprozess auch in ihren Unternehmen zu starten «

",

Design ist eine Form des Mitdenkens.

AUTOREN

MARTIN PERMANTIER

Martin Permantier, geboren 1966, ist Geschäftsführer der Agentur SHORT CUTS design + kommunikation GmbH in Berlin. Mehr als 20 Jahre Marketingerfahrung fließen in seine Expertise ein. Seine Erfahrungen mit der Beratung von mehreren hundert Firmen bilden die Grundlage für seinen praxisnahen Ansatz der Wertekommunikation. Heute gibt er sein Wissen unter anderem in Vorträgen und Workshops weiter.
www.martinpermantier.de

ROXANNE LIEBE

Roxanne Liebe, Jahrgang 1988, ist Junior Marketing Managerin bei SHORT CUTS. Durch ihre Ausbildung zur Kauffrau für Marketingkommunikation in München und vor allem ihr Bachelor Studium (B. A. Marketingkommunikation) an der design akademie berlin, SRH Hochschule für Kommunikation und Design, konnte sie sich ein umfangreiches Fachwissen in Richtung Wertekommunikation aufbauen.

Wir sind an Austausch interessiert und freuen uns über Feedback. Kontaktieren Sie uns unter *wertekommunikation@short-cuts.de*

QUELLENVERZEICHNIS

📄 LITERATURVERZEICHNIS

Baumgarth 2010 » Baumgarth, C. 2010: B-to-B-Markenführung, Grundlagen – Konzepte – Best Practice, Wiesbaden 2010

Bausback 2007 » Bausback, N. 2007: Positionierung von Business-to-Business-Marken, Konzeption und empirische Analyse zur Rolle von Rationalität und Emotionalität, Wiesbaden 2007

Bruhn 2009 » Bruhn, M. 2009: Integrierte Unternehmens- und Markenkommunikation: Strategische Planung und operative Umsetzung, Stuttgart 2009

Häusel 2012 » Häusel, H.-G. 2012: Emotional Boosting: Die hohe Kunst der Kaufverführung, Freiburg 2012

Häusel 2011 » Häusel, H.-G. 2011: Die wissenschaftliche Fundierung des Limbic® Ansatzes, München 2011

Kramer, Somrau 2014 » Kramer, J. W.; Somrau, R.: Dienstleistungsmarketing, Kommunikationspolitik und Tourismus, Bremen 2014

Kotler, Pfoertsch 2006 » Kotler, P.; Pfoertsch, W. 2006: B2B Brand Management, Heidelberg 2006

Laloux 2014 » Laloux, F. 2014: Reinventing Organizations, How to create organizations inspired by the next stage in human consciousness, Brüssel 2014

Masciadri, Zupancic 2013 » Masciadri, P.; Zupancic, D. 2013: Marken- und Kommunikationsmanagement im B-to-B-Geschäft, Clever positionieren, erfolgreich kommunizieren, Wiesbaden 2013

Pelz 2004 » Pelz, W. 2004: Strategisches und Operatives Marketing: Ein Leitfaden zur Erstellung eines professionellen Marketing-Plans, Norderstedt 2004

Raab, Gernscheimer, Schindler 2009: » Raab, G.; Gernscheimer, O.; Schindler, M. 2009: Neuromarketing, Grundlagen – Erkenntnisse – Anwendungen, Wiesbaden 2009

Scheier, Held 2009 » Scheier, C.; Held, D. 2009: Was Marken erfolgreich macht, Neuropsychologie in der Markenführung, Planegg / München 2009

Simon 2013 » Simon, F. B. 2013: Gemeinsam sind wir blöd? Die Intelligenz von Unternehmen, Managern und Märkten, Heidelberg 2013

Sinek 2009 » Sinek, S. 2009: Start with Why: How great leaders inspire everyone to take action, London 2009

Wolf, Brusendorf 2013 » Wolf, A.; Brusendorf, C. 2013: Marketing Review St. Gallen, Die Bedeutung von B2B-Marken im Kaufentscheidungsprozess industrieller Käufer, Schweiz 2013

🖱 INTERNETQUELLEN

Böttcher, Springer für Professionals 2014 » http://www.springerprofessional.de/die-macht-der-buying-center/4964238.html, 19.09.2014, 17:50

Campelo, Homosentiens 2014 » http://www.homosentiens.com/why-homo-sentiens/, 21.11.2014, 18:40

Dannenberg, Forum Werteorientierung 2008 » http://www.forumwerteorientierung.de/seite38.html, 01.07.2014, 18:03

diffferent GmbH, Markenlexikon 2014 » http://www.markenlexikon.com/texte/diffferent-perspective_b2b-Branding.pdf, 24.05.2014, 13:55

ESCH, The Brand Consultant 2014 » http://www.esch-brand.com/glossar/markensteuerrad/, 19.09.2014, 13:44

Giger, Stiftung Spirit.ch 2013 » http://www.spirit.ch/Downloads/Werte%20im%20Wandel.pdf, 01.07.2014, 18:02

Grubendorfer, DATEV Marketingclub 2011 » https://www.youtube.com/watch?v=2evKdIK4oas, 24.11.2014, 12:49

Hattendorf, Heidbrink, Jung, Morner, Wertekommission 2014 » http://www.wertekommission.de/content/pdf/studien/Studie-Fuehrungskraeftebefragung-2014.pdf, 16.10.2014, 13:03

Hattendorf, Wertekommission 2013 » http://www.wertekommission.de/content/pdf/studien/Fuehrungskraeftebefragung_2013.pdf, 25.05.2014, 14:01

Huesmann, Rat für Formgebung Stiftung 2013 » http://www.german-design-council.de/akademie/dmdk/dmdk0/referenten/interview-huesmann.html, 18.12.2014, 18:52

INtem® Trainergruppe 2014 » http://www.intem.de/schnelltest/, 14.10.2014, 17:17

IPPM Institute of Personality Psychology and Meditation 2006 » http://www.i-p-p-m.de/Das_Big-Five_Modell.pdf, 09.10.2014, 10:58

Karriereanker24 2014 » http://www.karriereanker24.de/karriereanker-nach-edgar-h-schein-ueberblick.html, 09.10.2014, 14:09

Kilian, Marketingartikel 2012 » http://www.markenlexikon.com/texte/ma_kilian_markenwerte_05_2012.pdf, 13.10.2014, 15:27

Kirchgeorg, Gabler Wirtschaftslexikon 2014 » http://wirtschaftslexikon.gabler.de/Archiv/1821/buying-center-v8.html, 19.06.2014, 20:14

Lotter, brand eins Wirtschaftsmagazin 2005 » http://www.brandeins.de/archiv/2005/marke/der-rote-faden.html, 24.05.2014, 18:56

Markenverband, Rat für Formgebung, Scholz & Friends » http://www.german-design-council.de/fileadmin/Bilder/Design_Deutschland/Documents/Studie_Die_Schoenheit_des_Mehrwertes.pdf, 06.11.2014, 15:33

Marketinglexikon 2014 » http://www.marketinglexikon.ch/terms/83, 17.09.2014, 10:22

Meyer-Gossner, The Strategy Web GmbH 2010 » http://www.thestrategyweb.com/studie-b2b-entscheider-handeln-emotionaler-als-angenommen, 05.11.2014, 16:58

Pavlina 2014: » http://stevepavlina.de/werte-liste, 30.10.2014, 12:10

Robbins Research International, Inc. 2014 » http://training.tonyrobbins.com/the-6-human-needs-why-we-do-what-we-do/, 09.10.2014, 10:49

Sales Focus 2014 » http://www.salesfocus.at/buyingcenter/, 19.09.2014, 17:51

scrivo PublicRelations GbR 2014 » http://www.scrivo-pr.de/Desc-ivo-Methode/Ganzheitlichkommunizieren/, 09.10.2014, 10:50

SIGMA 2014 » http://www.sigma-online.com/de/SIGMA_Milieus/, 19.09.2014, 16:39

skills development GmbH 2014 » http://www.skills-development.com/vertriebsmanagement/, 17.10.2014, 11:57

Sinek, TED Conferences 2009 » http://www.ted.com/talks/simon_sinek_how_great_leaders_inspire_action#t-599810, 17.09.2014, 10:23

SINUS Markt- und Sozialforschung 2014 » http://www.sinus-institut.de/loesungen/sinus-milieus.html, 19.09.2014, 16:33

Typentest 2014 » http://www.typentest.de/typentest_de_-_erklaerung/typentest_de_-_ebenen.htm, 09.10.2014, 11:00

Verlag Franz Vahlen GmbH 2004 » http://www.vahlen.de/fachbuch/zusatzinfos/Leseprobe_3-8006-3025-7_Esch.pdf, 13.10.2014, 15:26

Wenzel, Zukunftsletter 2011: » http://www.zukunftsletter.de/news-archiv/werte-marketing-ist-das-verkaufs-tool-der-zukunft-4604.html, 01.07.2014, 18:05

ABBILDUNGSVERZEICHNIS

17 „Typische austauschbare Bildinhalte und Symbole"
© rcaucino / istock.com
© vernonwiley / istock.com
© simonmcconico / istock.com
© STEEX / istock.com
© AndreyPopov / istock.com
© Squaredpixels / istock.com
© adl21 / istock.com
© CEFutcher / istock.com
© high-number / istock.com
© AndrewJohnson / istock.com
© RomoloTavani / istock.com
© ipopba / istock.com
© Saklakova / fotolia.com
© Edyta Pawlowska / fotolia.com
© rcaucino / fotolia.com
© adri76 / fotolia.com
© vadymvdrobot / fotolia.com
© vege / fotolia.com

67 „Die Struktur der Emotionssysteme" und „Limbic® Map"
Dr. Hans-Georg Häusel „Die wissenschaftliche Fundierung des Limbic® Ansatzes", München 2011 © Dr. Häusel, Gruppe Nymphenburg Consult AG

80 „Die repräsentative Verteilung der Limbic® Types in Deutschland in Burda Typologie der Wünsche (tdwi)"
Dr. Hans-Georg Häusel „Die wissenschaftliche Fundierung des Limbic® Ansatzes", München 2011 © Dr. Häusel, Gruppe Nymphenburg Consult AG

86 „Weibliche Modetypen"
© jhorrocks / istockphoto.com
© kaczka / istockphoto.com
© GlobalStock /istockphoto.com
© PeopleImages / istockphoto.com
© fatihhoca / istockphot.com

87 „Männliche Modetypen"
© jhorrocks / istockphoto.com
© jaroon / istockphoto.com
© PeopleImages / istockphoto.com
© 4x6 / istockphoto.com
© Yuri / istockphoto.com
© Andrey Arkusha / istockphoto.com

93 „Neuronale Markendifferenzierung"
AUDI
Page URL » http://commons.wikimedia.org/wiki/File%3AAudi_logo_detail.svg
File URL » http://upload.wikimedia.org/wikipedia/commons/7/7f/Audi_logo_detail.svg
Attribution » By Maytham [Public domain], via Wikimedia Commons

LAMBORGHINI
Page URL » http://commons.wikimedia.org/wiki/File%3ALamborghini_logo_2.svg
File URL » http://upload.wikimedia.org/wikipedia/commons/2/28/Lamborghini_logo_2.svg
Attribution » By unbekannt.Marsupilami at de.wikipedia [Public domain], from Wikimedia Commons

BMW
Page URL » http://commons.wikimedia.org/wiki/File%3ABMW.svg
File URL » http://upload.wikimedia.org/wikipedia/commons/4/44/BMW.svg
Attribution » By BMW (http://brandsoftheworld.com) [Public domain], via Wikimedia Commons

OPEL
Page URL » http://commons.wikimedia.org/wiki/File%3AOpel_logo.svg
File URL » http://upload.wikimedia.org/wikipedia/commons/1/11/Opel_logo.svg
Attribution » See page for author [Public domain], via Wikimedia Commons

VOLKSWAGEN
Page URL » http://commons.wikimedia.org/wiki/File%3AVolkswagen_logo.svg
File URL » http://upload.wikimedia.org/wikipedia/commons/f/f3/Volkswagen_logo.svg
Attribution » By kein Urheber (Own work) [Public domain], via Wikimedia Commons

TOYOTA
Page URL » http://commons.wikimedia.org/wiki/File%3AToyota_logo.png
File URL » http://upload.wikimedia.org/wikipedia/commons/1/16/Toyota_logo.png
Attribution » See page for author [Public domain], via Wikimedia Commons

MERCEDES
Page URL » http://commons.wikimedia.org/wiki/File%3AMercedes_Benz_Logo_11.jpg
File URL » http://upload.wikimedia.org/wikipedia/commons/1/16/Toyota_logo.png
Attribution » See page for author [Public domain], via Wikimedia Commons

95 „Banken Positionierungsbeispiele"
VOLKSBANK
Page URL » http://commons.wikimedia.org/wiki/File%3AVolksbank_Logo.svg
File URL » http://upload.wikimedia.org/wikipedia/commons/a/ab/Volksbank_Logo.svg
Attribution » See page for author [Public domain], via Wikimedia Commons

DEUTSCHE BANK:
Page URL » http://commons.wikimedia.org/wiki/File%3ADeutsche_Bank_logo_without_wordmark.svg
File URL » http://upload.wikimedia.org/wikipedia/commons/7/7b/Deutsche_Bank_logo_without_wordmark.svg
Attribution » By Deutsche Bank AG (GIF format logo) [Public domain], via Wikimedia Commons

© SPARKASSE

© ETHIKBANK

INGDIBA
Page URL » http://commons.wikimedia.org/wiki/File%3AING_logo.jpg
File URL » http://upload.wikimedia.org/wikipedia/commons/f/f1/ING_logo.jpg
Attribution » By ING Nederland (http://www.flickr.com/photos/ingnl/7002671255/) [CC-BY-SA-2.0 (http://creativecommons.org/licenses/by-sa/2.0)], via Wikimedia Commons

97 „Positionierung von Modemarken"
H&M
Page URL » http://commons.wikimedia.org/wiki/File%3AHM-Logo.png
File URL » http://upload.wikimedia.org/wikipedia/commons/e/e5/HM-Logo.png
Attribution » By Herbmeehan (Own work) [Public domain], via Wikimedia Commons

HUGO BOSS
Page URL » http://commons.wikimedia.org/wiki/File%3AHugo_Boss_logo.JPG
File URL » http://upload.wikimedia.org/wikipedia/commons/0/00/Hugo_Boss_logo.JPG
Attribution » By . The original uploader was Bruce The Deus at Italian Wikipedia (de.wiki) [Public domain or Public domain], via Wikimedia Commons

GUCCI
Page URL » http://commons.wikimedia.org/wiki/File%3AGucci_Logo.svg
File URL » http://upload.wikimedia.org/wikipedia/commons/2/2e/Gucci_Logo.svg
Attribution » By Gucci. EPS by Seeklogo. Converted to SVG by Morn the Gorn (http://www.seeklogo.com/gucci-logo-64070.html) [Public domain], via Wikimedia Commons

© C&A

© COS

BOSS ORANGE
Page URL » http://commons.wikimedia.org/wiki/File%3ABoss_Orange.jpg
File URL » http://upload.wikimedia.org/wikipedia/commons/f/f6/Boss_Orange.jpg
Attribution » By Hugo Boss AG [2] (Hugo Boss AG [1]) [Public domain or Public domain], via Wikimedia Commons

99 „Farben"
MCFIT
Page URL » http://commons.wikimedia.org/wiki/File%3ALogo_McFIT_GmbH.jpg
File URL » http://upload.wikimedia.org/wikipedia/commons/3/3b/Logo_McFIT_GmbH.jpg
Attribution » By McfitDE (Own work) [CC-BY-SA-3.0 (http://creativecommons.org/licenses/by-sa/3.0)], via Wikimedia Commons

GLOBETROTTER
Page URL » http://commons.wikimedia.org/wiki/File%3AGlobetrotter-logo.svg
File URL » http://upload.wikimedia.org/wikipedia/commons/7/75/Globetrotter-logo.svg
Attribution » http://upload.wikimedia.org/wikipedia/commons/7/75/Globetrotter-logo.svg

BOSS ORANGE
Page URL » http://commons.wikimedia.org/wiki/File%3ABoss_Orange.jpg
File URL » http://upload.wikimedia.org/wikipedia/commons/f/f6/Boss_Orange.jpg
Attribution » By Hugo Boss AG [2] (Hugo Boss AG [1]) [Public domain or Public domain], via Wikimedia Commons

GREENPEACE
Page URL » http://commons.wikimedia.org/wiki/File%3AGreenpeace.svg
File URL » http://upload.wikimedia.org/wikipedia/commons/8/82/Greenpeace.svg
Attribution » By .Gaspard at de.wikipedia (Transferred from de.wikipedia) [Public domain], from Wikimedia Commons

SALAMANDER
Page URL » http://commons.wikimedia.org/wiki/File%3ASalamander_Industrie-Produkte_Logo.svg
File URL » http://upload.wikimedia.org/wikipedia/commons/c/c5/Salamander_Industrie-Produkte_Logo.svg
Attribution » See page for author [Public domain], via Wikimedia Commons

FENDT
Page URL » http://commons.wikimedia.org/wiki/File%3AFendt-Logo.svg
File URL » http://upload.wikimedia.org/wikipedia/commons/4/42/Fendt-Logo.svg
Attribution » By Fendt [Public domain], via Wikimedia Commons

© DEMETER

FESTO
Page URL » http://commons.wikimedia.org/wiki/File%3AFesto_logo.svg
File URL » http://upload.wikimedia.org/wikipedia/commons/8/86/Festo_logo.svg
Attribution » By Festo KG (Festo Industrial Automation Seminars Brochure) [Public domain], via Wikimedia Commons

ALLIANZ
Page URL » http://commons.wikimedia.org/wiki/File%3AAllianz_rgb_72.jpg
File URL » hhttp://upload.wikimedia.org/wikipedia/commons/c/c2/Allianz_rgb_72.jpg
Attribution » By Consand (Own work) [Public domain], via Wikimedia Commons

HERMES
Page URL » http://commons.wikimedia.org/wiki/File%3ALogo_Hermes_Europe.jpg
File URL » http://upload.wikimedia.org/wikipedia/commons/d/d4/Logo_Hermes_Europe.jpg
Attribution » By Otto Group (Own work) [CC-BY-SA-3.0 (http://creativecommons.org/licenses/by-sa/3.0/)], via Wikimedia Commons

ALDI
Page URL » http://commons.wikimedia.org/wiki/File%3ALogo_Aldi_Nord.svg
File URL » http://upload.wikimedia.org/wikipedia/commons/8/8a/Logo_Aldi_Nord.svg
Attribution » See page for author [Public domain], via Wikimedia Commons

HUGO BOSS
Page URL » http://commons.wikimedia.org/wiki/File%3AHugo_Boss_logo.JPG
File URL » http://upload.wikimedia.org/wikipedia/commons/0/00/Hugo_Boss_logo.JPG
Attribution » By . The original uploader was Bruce The Deus at Italian Wikipedia (de.wiki) [Public domain or Public domain], via Wikimedia Commons

VERTU
Page URL » http://commons.wikimedia.org/wiki/File%3AVertu_logo.png
File URL » http://upload.wikimedia.org/wikipedia/commons/b/bf/Vertu_logo.png
Attribution » See page for author [Public domain], via Wikimedia Commons

ARMANI
Page URL » http://commons.wikimedia.org/wiki/File%3AGiorgio_Armani_logo.png
File URL » http://upload.wikimedia.org/wikipedia/commons/1/1c/Giorgio_Armani_logo.png
Attribution » By . The original uploader was Bruce The Deus at Italian Wikipedia [Public domain or Public domain], via Wikimedia Commons

100 „Wertekommunikation ist ein Erfolgsfaktor"
ALNATURA
Page URL » http://commons.wikimedia.org/wiki/File%3AAlnatura_logo.png
File URL » http://upload.wikimedia.org/wikipedia/commons/6/6e/Alnatura_logo.png
Attribution » By Alnatura press centre (www.alnatura.de) [CC-BY-SA-3.0-de (http://creativecommons.org/licenses/by-sa/3.0/de/deed.en)], via Wikimedia Commons

DM
Page URL » http://commons.wikimedia.org/wiki/File%3ADm.jpg
File URL » http://upload.wikimedia.org/wikipedia/commons/8/84/Dm.jpg
Attribution » By dm-drogerie markt GmbH & Co. KG (uploaded by LukaGagula) (http://www.dm.de) [Public domain or Public domain], via Wikimedia Commons

SCHLECKER
Page URL » http://commons.wikimedia.org/wiki/File%3ASchlecker-Logo.svg
File URL » http://upload.wikimedia.org/wikipedia/commons/6/6b/Schlecker-Logo.svg
Attribution » By Schlecker (SVG erzeugt mit Inkscape von Afrank99) [Public domain], via Wikimedia Commons

119 „Beispiele B2B-Marktführerschaften"
FESTO
Page URL » http://commons.wikimedia.org/wiki/File%3AFesto_logo.svg
File URL » http://upload.wikimedia.org/wikipedia/commons/8/86/Festo_logo.svg
Attribution » By Festo KG (Festo Industrial Automation Seminars Brochure) [Public domain], via Wikimedia Commons

HILTI
Page URL » http://commons.wikimedia.org/wiki/File%3AHilti_logo.svg
File URL » http://upload.wikimedia.org/wikipedia/commons/7/76/Hilti_logo.svg
Attribution » By Hilti AG (2013 Hilti Company Report) [Public domain], via Wikimedia Commons

WÜRTH
Page URL » http://commons.wikimedia.org/wiki/File%3AWURTH.png
File URL » http://upload.wikimedia.org/wikipedia/commons/2/26/WURTH.png
Attribution » See page for author [Public domain], via Wikimedia Commons

138 „Personas"
© robinimages2013 / shutterstock.com
© wakila / istockphoto.com
© stevecoleimages / istockphoto.com
© kali9 / istockphoto.com
© Pavel L Photo and Video / shutterstock.com
© AlexKZ / shutterstock.com
© dvande / shutterstock.com
© John Wollwerth / shutterstock.com
© Marko Poplasen / shutterstock.com
© racorn / shutterstock.com
© bahri altay / shutterstock.com
© Anton Gvozdikov / shutterstock
© Dmitry Kalinovsky / shutterstock.com
© tiburonstudios / istock.com

144 „Foto und Image"
© ysbrandcosijn / istock.com
© lassedesignen / fotolia.com
© FotolEdhar / fotolia.com
© IPGGutenbergUKLtd / istock.com
© Minerva Studio / istock.com
© kzenon / istock.com
© PeopleImages / istock.com
© PeopleImages / istock.com
© alvarez / istock.com
© franckreporter / istock.com
© franckreporter / istock.com
© franckreporter / istock.com
© Thomas_EyeDesign / istock.com
© xavierarnau / istock.com
© JohnnyGreig / istock.com
© sanjeri / istock.com
© RichVintage / istock.com
© lassedesignen / fotolia.com

145 „Foto und Image"
Fotograf Björn Ewers

148 „Farben und Papier"
© Anna Shkolnaya / shutterstock.com
© Fekete Tibor / shutterstock.com
© koosen / shutterstock.com
© chrupka / shutterstock.com
© zorazhuang / istock.com
© Teodora_D / shutterstock.com

166 „Welches Fahrrad steht für den „drive" in Ihrem Unternehmen?"
© hiro-pm / istock.com
© gradts / istock.com
© Reinhold_Foeger / istock.com
© Apart Foto / fotolia.com
© popov48 / fotolia.com
© viennapro / fotolia.com
© Dudarev Mikhail / fotolia.com
© Gena / fotolia.com
© gradt / fotolia.com

167 „Welcher Hund wäre das ideale Maskottchen für Ihr Unternehmen?"
© GlobalP / istock.com
© Ermolaev Alexandr / fotolia.com
© Nikolay Pozdeyev / fotolia.com

© Hiro / fotolia.com
© Tatiana Katsai / fotolia.com
© Dan Kosmayer / fotolia.com
© JackF / fotolia.com
© Tolubaev Stanislav / fotolia.com
© TierfotografieWinter / fotolia.com
© Nikolai Tsvetkov / fotolia.com
© Eric Isselée / fotolia.com
© mindstorm / fotolia.com

168 „Wählen Sie einen Platz-Halter für den Geist in Ihrem Unternehmen."
© tiler84 / istock.com
© Eriklam / istock.com
© SKrow / istock.com
© evemilla / istock.com
© cynoclub / istock.com
© ttatty / istock.com
© rawisoot / istock.com
© Dinic / istock.com
© kurga / istock.com
© kurga / istock.com
© Dandesign86 / shutterstock.com
© Fotmen / istock.com

169 „Wie agiert Ihr Unternehmen am Markt?"
© Monkey Business / fotolia.com
© Kadmy / fotolia.com
© Kzenon / fotolia.com
© Greg Epperson / fotolia.com
© lightpoet / fotolia.com
© Maridav / fotolia.com
© Stefan Schurr / fotolia.com
© EpicStockMedia / fotolia.com
© magann / fotolia.com
© iko / fotolia.com
© Grafissimo / istock.com
© IS_ImageSource / istock.com

171 „Wie feiert Ihr Unternehmen sich und seine Mitarbeiter?"
© germanskydive110 / fotolia.com
© Henry Schmitt / fotolia.com
© Alex Shadrin / fotolia.com
© Kzenon / fotolia.com
© Kzenon / fotolia.com
© kzenon / istock.com
© Squaredpixels / istock.com
© LifesizeImages / istock.com
© CandyBox Images / shutterstock.com
© Kzenon / shutterstock.com
© gpointstudio / shutterstock.com

INFOGRAFIKEN

6 „Altersstruktur 2030"
Bundesagentur für Arbeit, www.sentiso.de/images/content/Altersstruktur_2030.png

20 „Zeitstrahl"
Bruhn 2009: Bruhn, M. 2009: Integrierte Unternehmens- und Markenkommunikation: Strategische Planung und operative Umsetzung, Stuttgart 2009

23 „Internes und externes Marketing"
Pelz 2004: Pelz, W. 2004: Strategisches und Operatives Marketing: Ein Leitfaden zur Erstellung eines professionellen Marketing-Plans, Norderstedt 2004

26 „Golden Circle"
Sinek 2009: Sinek, S. 2009: Start with Why: How great leaders inspire everyone to take action, London 2009

30 „SWOT"
Pelz 2004: Pelz, W. 2004: Strategisches und Operatives Marketing: Ein Leitfaden zur Erstellung eines professionellen Marketing-Plans, Norderstedt 2004

33 „Kommunikations-Paritäten-Modell"
skills development GmbH „Fingerparität, Beziehungsmanagement unter Berücksichtigung der „realen" Selbstbilder der Interaktionspartner" 2014: http://www.skills-development.com/vertriebsmanagement/, 17.10.2014, 12:56

34 „Markensteuerrad"
http://upload.wikimedia.org/wikipedia/de/archive/c/cd/20090731163540!Markensteuerrad.jpg, 22.10.2014, 13:01

58 „Der dreihirnige Mensch"
Meyer-Gossner, The Strategy Web 2010, http://www.thestrategyweb.com/studie-b2b-entscheider-handeln-emotionaler-als-angenommen, 08.12.2014, 14:41

64 „Homo Sentiens"
http://all-silhouettes.com/, 22.10.2014, 14:26

68 „Die Limbic® Map von Dr. Häusel als Modell eines ganzheitlichen Werteraums"
Häusel 2012: Häusel, H.-G. 2012: Emotional Boosting: Die hohe Kunst der Kaufverführung, Freiburg 2012

74 „Wissen und Sein"
Wertekommission und Reinhard-Mohn-Institut der Universität Witten/Herdeck, Hattendorf, Heidbrink, Jung, Morner, Wertekommission 2014, http://www.wertekommission.de/content/pdf/studien/Studie-Fuehrungskraeftebefragung-2014.pdf, 22.10.2014, 14:36

77 „Die sechs Ebenen der Wertekommunikation"
Pelz 2004: Pelz, W. 2004: Strategisches und Operatives Marketing: Ein Leitfaden zur Erstellung eines professionellen Marketing-Plans, Norderstedt 2004

81 „Limbic® Typologie"
Häusel 2012: Häusel, H.-G. 2012: Emotional Boosting: Die hohe Kunst der Kaufverführung, Freiburg 2012

82 „Sinus- und Sigma-Milieus"
SINUS: Markt- und Sozialforschung 2014, http://www.sinus-institut.de/loesungen/sinus-milieus.html, 19.09.2014, 16:38

SIGMA 2014, http://www.sigma-online.com/de/SIGMA_Milieus/, 19.09.2014, 16:39

86 „Weibliche Modetypen"
Pelz 2004: Pelz, W. 2004: Strategisches und Operatives Marketing: Ein Leitfaden zur Erstellung eines professionellen Marketing-Plans, Norderstedt 2004

87 „Männliche Modetypen"
Pelz 2004: Pelz, W. 2004: Strategisches und Operatives Marketing: Ein Leitfaden zur Erstellung eines professionellen Marketing-Plans, Norderstedt 2004

93 „Neuronale Markendifferenzierung in der Limbic® Map"
Häusel 2012: Häusel, H.-G. 2012: Emotional Boosting: Die hohe Kunst der Kaufverführung, Freiburg 2012

94 „Positionierung von Fussballvereinen"
Häusel 2012: Häusel, H.-G. 2012: Emotional Boosting: Die hohe Kunst der Kaufverführung, Freiburg 2012

95 „Banken Positionierungsbeispiele"
Häusel 2012: Häusel, H.-G. 2012: Emotional Boosting: Die hohe Kunst der Kaufverführung, Freiburg 2012

96 „Positionierung von Zigarettenmarken"
Häusel 2012: Häusel, H.-G. 2012: Emotional Boosting: Die hohe Kunst der Kaufverführung, Freiburg 2012

97 „Positionierung von Modemarken"
Häusel 2012: Häusel, H.-G. 2012: Emotional Boosting: Die hohe Kunst der Kaufverführung, Freiburg 2012

98 und 99 „Farben und Werte"
Häusel 2012: Häusel, H.-G. 2012: Emotional Boosting: Die hohe Kunst der Kaufverführung, Freiburg 2012

100 „Wertekommunikation ist ein Erfolgsfaktor"
Häusel 2012: Häusel, H.-G. 2012: Emotional Boosting: Die hohe Kunst der Kaufverführung, Freiburg 2012

115 „Abbildung „der Werteraum im B2B""
Häusel 2012: Häusel, H.-G. 2012: Emotional Boosting: Die hohe Kunst der Kaufverführung, Freiburg 2012

117 „Zielgruppentypen im B2B"
Häusel 2012: Häusel, H.-G. 2012: Emotional Boosting: Die hohe Kunst der Kaufverführung, Freiburg 2012

119 „Beispiele B2B-Marktführerschaften"
Häusel 2012: Häusel, H.-G. 2012: Emotional Boosting: Die hohe Kunst der Kaufverführung, Freiburg 2012

130 „Design schafft mehr Mehrwerte"
Markenverband, Rat für Formgebung, Scholz & Friends, http://www.german-design-council.de/fileadmin/Bilder/Design_Deutschland/Documents/Studie_Die_Schoenheit_des_Mehrwertes.pdf, 06.11.2014, 15:33

136 „Wanderausstellung"
BRESSLER BRAND CONTENT

139 „World Café"
BRESSLER BRAND CONTENT

152 „Die Evolution von Organisationsformen"
Laloux, Frederic: Reinventing Organizations: How to create organizations inspired by the next stage of human consciosness, 1. Auflage, NELSON PARKER, Brüssel 2014

LITERATUREMPFEHLUNG

STEFAN MERATH » *Der Weg zum erfolgreichen Unternehmer*
ISBN-10: 389749793X
ISBN-13: 978-3897497931

» *Die Kunst seine Kunden zu lieben*
ISBN-10: 386936176X
ISBN-13: 978-3869361765

OTTO SCHARMER » *Theorie U*
ISBN-10: 3896706799
ISBN-13: 978-3896706799

FREDERIC LALOUX » *Reinventing Organizations*
ISBN-10: 2960133501
ISBN-13: 978-2960133509

DR. HANS-GEORG HÄUSEL » *Emotional Boosting: Die hohe Kunst der Kaufverführung*
ISBN-10: 3648029444
ISBN-13: 978-3648029442

BORIS GRUNDL, BODO SCHÄFER » *Leading Simple*
ISBN-10: 3897497085
ISBN-13: 978-3897497085

REINHARD K. SPRENGER » *Radikal führen*
ISBN-10: 3593394626
ISBN-13: 978-3593394626

IMPRESSUM

© **SHORT CUTS, 2014**

Verlag SHORT CUTS GMBH
design + kommunikation
Mehringdamm 55
10961 Berlin

T 030 - 25 39 12 -10
T 030 - 25 39 12 -20
www.short-cuts.de

TEXT & KONZEPT
Roxanne Liebe » Martin Permantier

GESTALTUNG
Natascha Kornilowa » Björn Kremer
» Yella Schaube

LEKTORAT
Christian Finkbeiner

PRINTED IN GERMANY
ISBN-13: 978-3-9808656-4-7

» HERAUSFORDERUNG » HERKUNFT » HERZ » HERZLICHKEIT » HILFSBEREITSCHAFT » HINGABE » HOCHGEFÜHL » HOFFNUNG » HÖFLICHKEIT » HUMOR » HYGIENE » INSPIRATION » INTEGRITÄT » INTENSITÄT » INTUITION » JUGENDLICHKEIT » KAMERADSCHAFT » KLARHEIT » KLUGHEIT » KOMFORT » KÖNNEN » KONTINUITÄT » KONTROLLE » KOOPERATION » KORREKTHEIT » KREATIVITÄT » KÜHNHEIT » LANGLEBIGKEIT » LEBENDIGKEIT » LEBENSKRAFT » LEBHAFTIGKEIT » LEIDENSCHAFT » LEISTUNG » LEITUNG » LERNEN » LIEBE » LOYALITÄT » MACHT » MÄSSIGUNG » MILDE » MITARBEITERFÜHRUNG » MITBENUTZUNG » MITGEFÜHL » MITWIRKUNG » MODE » MOTIVATION » MÜNDIGKEIT » MUT » NÄCHSTENLIEBE » NÄHE » NEUGIER » NÜTZLICHKEIT » OFFENHEIT » OPTIMISMUS » ORDNUNG » ORDNUNGSLIEBE » ORGANISATION » ORIGINALITÄT » PERFEKTION » PFLICHT » PHANTASIE » POTENZ » PRAGMATISMUS » PRÄSENZ » PRÄZISION » PRIVATSPHÄRE » PROAKTION » PÜNKTLICHKEIT » RAFFINESSE » REALISMUS » REICHHAL-